Johannes Lerle

Das

Tausendjährige

Reich

Bibliographische Information der Deutschen Nationalbibliothek:
Die Deutsche Nationalbibliothek verzeichnet diese Publikation in der deutschen Nationalbiographie; detaillierte bibliographische Daten sind im Internet über http://dnb.d-nb.de abrufbar.

Herstellung und Verlag: BoD - Books on Demand, Norderstedt
ISBN 978-374-609-92-86 (Paperback)

Printed in Germany
Umschlagsgestaltung und Illustration: bod Verlag
Copyright: Johannes Lerle

Johannes Lerle
Wulfsdorfer Weg 72
23560 Lübeck
Tel. 01578-4042875   Email info@johannes-lerle.net

Inhaltsverzeichnis

Das Problem

Viele Prediger verkünden, daß wir das in Offenb. 20 beschriebene Tausendjährige Friedensreich in der Zukunft zu erwarten haben. So hatte der schwäbische Theologe Bengel Jesu Wiederkunft für das Jahr 1836 vorhergesagt. Viele schwäbische Pietisten wanderten daraufhin nach dem Osten aus, so weit in Richtung Kaukasus, wie sie kamen. Denn dort, wo sich ihrer Meinung nach der Garten Eden befand, werde Christus wiederkommen.

Wenn viele wie die damaligen Auswanderer ein- und demselben Irrtum erlegen sind, dann müssen sie diesen aus der gleichen Quelle geschöpft haben. Aus der Bibel können sie ihn jedenfalls nicht haben, da das Gotteswort keine Irrtümer enthält. Die damaligen Auswanderer haben sich auf andere Menschen verlassen, sie haben dem vertraut, was damals in Württemberg allgemein gepredigt worden war. Doch im Gotteswort heißt es: Verflucht ist der Mann, der sich auf Menschen verläßt" (Jer. 17,5). Außerdem ermahnt uns Christus: „Ihr sollt euch nicht Rabbi nennen lassen; denn einer ist euer Meister; ihr aber seid alle Brüder. Und ihr sollt niemanden unter euch Vater nennen auf Erden; denn einer ist euer Vater, der im Himmel ist. Und ihr sollt euch nicht Lehrer nennen lassen; denn einer ist euer Lehrer: Christus" (Matth. 23,8-10). Weil Jesu Warnung mißachtet worden war, deshalb haben sich Gläubige von irgendwelchen angeblichen „Lehrern" der Schrift verführen lassen, Jesus Christus in Richtung Kaukasus entgegenzugehen.

Heute werden die Gläubigen von vielen angeblichen „Lehrern" der Schrift belehrt, die Gründung des Staates Israel im Jahre 1948 und die nachfolgenden politischen Ereignisse in einer Weise zu deuten, wie sie nachfolgender Refrain eines Kirchenliedes ausdrückt: „Schon die Zeiten sich bereiten, Daß des Menschensohn auf Erden, Tausend Jahr' das Zepter führt. Wie wird's werden hier auf Erden, Wenn der Herr regiert im Frieden, tausend Jahr'". „Schon die Zeiten sich bereiten" – diese Deutung des

Weltgeschehens als Auftakt zur Errichtung des Tausendjährigen Reiches verführt „Gläubige", aktiv in die Weltpolitik einzugreifen. Als der amerikanische Präsident Bush im Jahre 2003 behauptet hatte, Jesus hätte ihm befohlen den Irak anzugreifen, und dann einen Krieg gegen diesen Feind Israels begann, da hatten besonders in Amerika viele Prediger für diesen Krieg gehetzt. Die militärische Niederlage entlarvte den amerikanischen Präsidenten dann als Lügenpropheten und die Greueltaten seiner von ihm als „Soldaten Christi" bezeichneten Schergen entlarvten ihn zusätzlich noch als Gotteslästerer.

Was ist, wenn das Desaster im Irak den militärischen Niedergang Amerikas einleitet, das die Schutzmacht Israels ist? Was ist, wenn dieser Staat von der Landkarte verschwindet? Viele Ungläubige, die die Bibel nicht kennen, haben lediglich gehört, daß die Gründung und der Erfolg des Staates Israel Etappen bei der Aufrichtung von Jesu Königsherrschaft in Jerusalem seien. Ein Untergang Israels würde wie die Vorhersage von Jesu Wiederkunft im Jahre 1836 und wie der angebliche Befehl Jesu zum Angriff auf den Irak das Vorurteil begünstigen, daß die Bibel kein Buch der Wahrheit sei, sondern lediglich Material für religiöse Wahnvorstellungen liefere.

Und in der Tat denken viele „Freunde" des Staates Israel ohnehin nicht in Wahrheitskategorien. Wenn man sie auf die Verbrechen bei der Staatsgründung und auf den heutigen Staatsterrorismus hinweist, dann tun sie das als Verleumdung ab. Und in der Tat kann jede Aussage, die nicht der Bibel entnommen ist, erstunken und erlogen sein. Doch daß im Jahre 1948 im Nahen Osten ein Staat gegründet werden wird, steht auch nicht in der Bibel, noch steht darin, daß dieser Staat unter dem besonderen Segen und Schutz Gottes stehe. Trotzdem wird das gepredigt. Schändliches gilt als Lüge, Lobpreisungen aber als Wahrheit – wie man es braucht. Das ist die Tradition der falschen Propheten zur Zeit des Alten Testaments, die nur das verkündigt hatten, was die Leute hören wollten. So auch heute: Woher eine Aussage kommt, ob sie in der Bibel steht oder auf andere Weise zuverlässig bezeugt ist, spielt keine Rolle. Sondern man blickt auf die vermeintliche „Heilsgeschichte", die über die Staatsgründung Israels zur Aufrichtung von Jesu Königsherrschaft in Jerusalem verlaufe. Aussagen werden danach bewertet, ob sie dieses Geschichtsbild stützen oder gefährden. Bei diesem Verständnis von „Heilsgeschichte" rückt Jesu Golgathasieg aus dem Zentrum des Glaubens und wird zu einer Etappe auf dem Weg zum Tausendjährigen Reich abgewertet.

Beim Verständnis des Tausendjährigen Reiches geht es um die Frage, was Jesu Sieg von Golgatha bewirkt hat. Hat Jesus dort den Teufel bereits besiegt, oder wird er das erst in Zukunft noch tun? Sind folgende Worte aus Luthers Kleinem Katechismus bibelgemäß oder nicht: "... der (Christus) mich verlorenen und verdammten Menschen **erlöset hat, erworben, gewonnen von allen Sünden, vom Tode und von der Gewalt des Teufels;** ... auf daß ich **sein eigen sei** und **in seinem Reich unter ihm lebe** ..."? Hat Christus das bereits getan, oder wird er es erst noch tun, wird er mich erst noch von der Gewalt des Teufels erlösen? Werde ich erst noch sein eigen sein? Werde ich erst in Zukunft in seinem Reiche unter ihm leben?

Mir sagte einmal ein Jude, Jesus sei nicht der Messias, denn der Messias wird die Sünde beseitigen. Jetzt gibt es aber noch viel Sünde. Ein anderer Jude, der sich zu Jesus bekennt, vertrat mir gegenüber die Überzeugung, daß Jesus zwar der Messias ist. Doch als Messias sei er noch nicht gekommen, sondern werde erst zu Beginn des Tausendjährigen Friedensreiches als Messias kommen.

In der Zeitschrift der politischen "Partei Bibeltreuer Christen" (PBC) lesen wir: "Christen ... warten zusammen mit Israel auf den Messias".[1] Auf welchen Messias? Auf den Messias, der gemäß der Prophetie Jesajas auf Golgatha für unsere Sünden gestorben und am Ostermorgen auferstanden ist? Die Aussage, Christen würden "zusammen mit Israel auf den Messias" warten, verrät, daß die zentralsten Ereignisse der Weltgeschichte, daß Kreuzigung und Auferstehung, nicht mehr das Zentrum des

---

[1] Pfr. Bernd Benicke in: SALZ und LICHT, Jan. - Juni 1998, S. 5.

Glaubens sind. Kreuzigung und Auferstehung werden auf diese Weise zu Details des Glaubens abgewertet, die man leugnen könne, ohne daß dadurch die Gemeinsamkeit des Glaubens an den Messias grundsätzlich in Frage gestellt würde.

Der Messias Jesus Christus und das Friedensreich Gottes gehören in der Tat zusammen. Der Apostel Paulus schreibt, daß Gott "uns errettet hat aus der Gewalt der Finsternis und versetzt in das Reich des Sohnes seiner Liebe" (Kol. 1,13). Wie das? Wo leben wir eigentlich? Leben wir in der Welt oder leben wir im Reich Christi? Doch es gibt noch eine weitere ähnliche Frage: Jesus hat seinen Jüngern verheißen: "Ich bin bei euch alle Tage bis an der Welt Ende" (Matth. 28,20). Dann ist er zum Himmel aufgefahren. Wo ist Christus eigentlich? Befindet er sich im Himmel, oder ist er bei seinen Jüngern bzw. bei uns?

Wo ist Christus?[2]

Da Christus zum Himmel aufgefahren ist, muß er doch jetzt im Himmel sein. Wie kann er denn zur gleichen Zeit auch bei uns sein? Das gleiche Problem begegnet uns im 11. Psalm. Dort heißt es: "Der HERR ist in seinem heiligen Tempel, des HERRN Thron ist im Himmel" (Ps. 11,4). Wo ist Gott wirklich, im Tempel oder im Himmel? Ist etwa Gottes himmlischer Thron leer, wenn Gott im Tempel gegenwärtig ist? Wenn wir so fragen, machen wir einen entscheidenden Fehler. Wir übertragen unsere innerweltlichen Vorstellungen vom dreidimensionalen Raum mit Länge, Breite und Höhe auf Gott.

Gottes Wohnen an einem Ort dürfen wir nicht so massiv räumlich auffassen, daß Gott nicht gleichzeitig auch an einem anderen Ort anwesend sein könnte. In Jer. 23,23f lesen wir hierzu: "Bin ich nur ein Gott, der nahe ist, spricht der HERR, und

---

[2] Die biblische Lehre von Raum und Zeit ist im folgenden Buch entfaltet: Ernst Lerle, Das Weltbild der Bibel, Berlin (Ost) 1973. Frühere Auflagen haben den Titel: Das Raumverständnis im Neuen Testament.

nicht auch ein Gott, der ferne ist? Meinst du, daß sich jemand so heimlich verbergen könne, daß ich ihn nicht sehe? spricht der HERR. Bin ich es nicht, der Himmel und Erde erfüllt? spricht der HERR." Ganz unräumlich müssen wir es verstehen, wenn es heißt: "Der HERR ist nahe denen, die zerschlagenen Herzens sind" (Ps. 34,19) oder "Der HERR ist nahe allen, die ihn anrufen, allen, die ihn ernstlich anrufen" (Ps. 45,18). In Jes. 57,15 sind die Aussagen, daß Gott im Himmel, im Heiligtum und im Herzen wohnt, aneinandergefügt, ohne daß eine innere Spannung zwischen den drei Aussagen erkennbar wäre: "Denn so spricht der Hohe und Erhabene, der ewig thront und dessen Name heilig: In der Höhe und im Heiligen throne ich und bei denen, die zerschlagenen und demütigen Geistes sind."

Daß Gott überall ist, zeigt sehr eindrucksvoll der 139. Psalm: "HERR, du erforschst und kennst mich. Du kennst mein Sitzen und mein Aufstehen, du verstehst meine Gedanken von ferne. Mein Gehen und mein Liegen prüfst du und bist mit allen meinen Schritten vertraut. Denn es ist kein Wort auf meiner Zunge, das du, HERR, nicht schon völlig kennst. Hinten und vorn hast du mich umschlossen und legtest deine Hand auf mich. Die Erkenntnis ist mir zu wunderbar, zu hoch. Ich erfasse sie nicht. Wohin kann ich vor deinem Geiste gehen und wohin vor deinem Angesicht fliehen? Wenn ich zum Himmel stiege, so bist du dort, und wenn ich mir die Unterwelt zum Lager machte, du bist da! Nähme ich Flügel der Morgenröte, ließe mich nieder am äußersten Meer, auch dort würde deine Hand mich führen und deine Rechte mich erfassen" (Ps. 139,1-10).

Wir sehen, daß Gott überall ist, wo er sein will, ohne daß dazu eine Ortsveränderung notwendig wäre. Das gleiche ist auch in anderen Bibelstellen ausgesagt: Gott füllt Himmel und Erde. Vor ihm kann sich niemand verbergen (Jer. 23,24). "So spricht der HERR: Der Himmel ist mein Thron und die Erde der Schemel meiner Füße. Was ist das für ein Haus, das ihr mir bauen könntet, und was für eine Stätte meiner Niederlassung?" (Jes. 66,1).

Nicht körperhaft zu verstehen sind Aussagen wie "das Antlitz" (2. Mose 33,20), "der Arm" (Ps. 44,4; 79,11; 89,11.14), "die

13

Hand" (4. Mose 11,23) oder "die Rechte" (2. Mose 15,6; Ps. 118,15f) Gottes. Auch Gegenstände in der Hand Gottes wie zum Beispiel "Becher" (Jer. 25,15f) oder "Rute" (Hiob 9,34; 21,9; Ps. 89,33) dürfen wir nicht materiell auffassen.

Wenn Gott in unser innerweltlich-räumliches Geschehen eingreift, treten dabei häufig auch Engelmächte in Erscheinung. Sie werden zuweilen als "Bote des HERRN" bezeichnet. Engel gehören einerseits der außerirdischen Wirklichkeit Gottes an; aber wenn sie einen Auftrag zu erfüllen haben, können sie in konkreter Gestalt, die Länge, Breite und Höhe hat, mit den innerweltlichen Dingen in Berührung treten.

Der Engel ist eine Erscheinung Gottes und kann von Gott sogar in erster Person sprechen (Richt. 2,1). Er überbringt den Menschen eine Botschaft Gottes (1. Mose 16,17; 21,17f; 22,11f. 15ff; 4. Mose 22,22ff). In anderen Fällen erscheint er in Gestalt einer Feuerflamme (2. Mose 3,2), in einer Stimme (1. Mose 22,11) oder im Traum (1. Mose 31,11). Dann erscheint er wieder in körperlicher Gestalt, die sich nicht von dem Aussehen der Menschen unterscheidet (Richt. 6,11).

Der Bote des HERRN hat aber nicht ständig einen menschlichen Körper. Er lebt in einem anderen Bereich, nimmt nur gelegentlich die Erscheinung eines Leibes mit bestimmten Größenmaßen an, spricht mit Menschen und erfüllt so seinen Auftrag. Die Frage nach der Beschaffenheit und dem Aufenthaltsort des Engels außerhalb seines besonderen Auftrags birgt weit schwierigere Probleme in sich. Aufschlußreich für diesen Fragenkreis sind die biblischen Berichte über den Übergang in einen anderen Bereich. Nach Richter 6,21 verschwindet der Engel, das heißt, er verliert seine Körperlichkeit unmittelbar an dem Ort, an dem er mit Gideon geredet hat. Auch nach dem Verschwinden des Engels vernimmt Gideon noch die Stimme des HERRN.

Nach einer anderen Schilderung des Richterbuches (13,2-23) erscheint der Bote des HERRN ebenfalls als ein Mensch, der sich in seinem Aussehen nicht von anderen Menschen unterscheidet. Es fehlen Aussagen darüber, wie er diese Erscheinungsform angenommen hat. Wirklicher Mensch ist der Gottesbote jedoch nicht, denn er verweigert Speise. Nachdem er seinen Auftrag erfüllt hat, geht er in der Opferflamme auf (Richter 13,20). Was in der Flamme aufgeht, unterliegt einer Wandlung, die darin besteht, daß ein Gegenstand seine körperliche Ausdehnung in Länge, Breite und Höhe, sein Gewicht und andere Kennzeichen seiner Gestalt verliert. In dieser Wandlung erfolgt auch die Rückkehr des Engels des HERRN aus dieser Welt des Körperhaften in seinen eigentlichen Bereich.

Ähnlich verhält es sich bei der Himmelfahrt des Propheten Elia (2. Kön. 2,11). Der feurige Wagen mit den feurigen Rossen entreißt den Elia dem Blickfeld der Menschen. Eine Schilderung, ob und wie Elia eine Grenze überschritten hätte, die den Himmel als den Bereich Gottes von unserer Welt trennt, fehlt.

In die gleiche Richtung weisen auch Aussagen des Buches Hiob. Nach Hiob 1,6 tritt Satan in die Versammlung der Gottessöhne. Diese Begebenheit zeigt, daß der Bereich Gottes kein Ort ist, der räumlich von dem Bereich Satans geschieden ist.

Auch in der Verkündigung Jesu werden Vorgänge im Jenseits angesprochen, die mit unserem räumlichen Denken unvereinbar sind. Der arme Lazarus wurde im Unterschied zum reichen Mann von den Engeln in Abrahams Schoß getragen (Luk. 16,22f). Bedeutet das, daß ein anderer, der schon vorher in Abrahams Schoß war, diesen Platz verlassen mußte? Und wenn weitere Verstorbene in Abrahams Schoß getragen werden, muß Lazarus dann diese Stelle räumen? Jesu Worte vom Lazarus in Abrahams Schoß machen deutlich, daß wir uns den Himmel und "Abrahams Schoß" nicht räumlich vorstellen dürfen.

Gegen die Auffassung, daß der Himmel ein räumlicher Ort sei, spricht auch das Herrenwort, daß die Schutzengel der Kinder allezeit das Gesicht von Jesu Vater im Himmel sehen (Matth. 18,10). Denkt man räumlich, so müßte man fragen: Wohin blicken die Schutzengel eigentlich: zu Gott oder zu den Kindern?

Daß Ortsbezeichnungen wie "innen" und "außen" nicht immer räumlich gemeint sind, zeigen folgende Herrenworte: "Hütet euch vor den falschen Propheten, die in Schafskleidern zu euch kommen, inwendig aber sind sie reißende Wölfe" (Matth.

7,15). "Wehe euch, ihr Schriftgelehrten und Pharisäer, ihr Heuchler, ihr gleicht übertünchten Gräbern, die von außen schön aussehen, inwendig aber sind sie voll von Totengebein und aller Unreinheit. So auch ihr: Von außen erscheint ihr den Menschen gerecht, inwendig aber seid ihr voll von Heuchelei und Gesetzlosigkeit" (Matth. 23,27f). Hier kritisiert Jesus den geistlichen Zustand der Pharisäer, nicht aber die Beschaffenheit der Haut und der inneren Organe.

Zeitgenossen Jesu haben sich sogar das Reich Gottes als sichtbare Königsherrschaft vorgestellt. Sie wollten von Jesus wissen, wann dieses Gottesreich kommt. In seiner Antwort korrigiert Christus diese falschen Vorstellungen und verweist auf die anders geartete geistliche Gottesherrschaft: "Das Reich Gottes kommt nicht so, daß man's mit Augen sehen kann; man kann auch nicht sagen: Siehe, hier! oder: da! Denn siehe, das Reich Gottes ist inwendig in euch" (Luk,. 17,20f).

Im Reich Gottes ist das Materielle ohne Bedeutung. Sogar die leibliche Abstammung von Abraham ist unwichtig (Joh. 8,39). Jesus bezeichnet sich selbst als "das Brot des Lebens" (Joh. 6,48) und nennt das seine Speise, daß er den Willen dessen tut, der ihn gesandt hat (Joh. 4,34). Der samaritischen Frau bietet Jesus "lebendiges Wasser" an (Joh. 4,10). Er gebraucht hier die Sprache der Propheten, die ebenfalls geistliche Gaben mit dem Begriff "Wasser" umschrieben hatten.[3] Doch die Samariterin versteht nicht, was Jesus meint, und denkt nur an das Wasser, das man mit Gefäßen schöpft (Joh. 4,11). Ähnlich wie der Samariterin ging es auch Jesu Jüngern, als Christus sie vor dem Sauerteig der Pharisäer und Sadduzäer warnte (Matth. 16,6f).

Ein weiterer Begriff mit immaterieller Bedeutung ist das Wort "Welt". Wenn wir von der "Weisheit der Welt" (1. Kor. 1,20) lesen, dann ist für uns offensichtlich, daß es nicht um die Materie geht, aus der die Welt besteht. Die Materie dieser Welt ist eine Schöpfung Gottes. Wenn die "Welt" aber trotzdem negativ ge-

---

[3] s. den Abschnitt "Bildhafte Rede", S. 41.

wertet wird (1. Joh. 2,15-17), muß also mehr als nur die materielle Seite gemeint sein.

Im griechischen Neuen Testament gibt es das Wort "Äon", das gewöhnlich mit "Welt" übersetzt wird. Ein Bedeutungsunterschied der Vokabeln "Welt" (griechisch: kosmos) und "Äon" liegt darin, daß "Welt" im Unterschied zu "Äon" auch eine materielle Bedeutung hat. Ansonsten kann die Bedeutung von "Äon" in die von "Welt" übergehen, so z. B. im Gleichnis Jesu vom vierfachen Ackerfeld (Mark. 4,19; Matth. 13,22). Dort ist davon die Rede, daß "die Sorgen des Äons" das Wort Gottes wie Dornen ersticken. In anderen Zusammenhängen bedeutet "Weisheit dieses Äons" (1. Kor. 2,6) das gleiche wie "Weisheit der Welt" (1. Kor. 1,20; 3,19). Sowohl "Welt" (1. Joh. 2,15-17) als auch "Äon" (Röm. 12,2; 2. Kor. 4,4; Gal. 1,4) werden in gleicher Weise negativ gewertet.

Die Bibel bezeugt, daß es neben diesem[4] Äon auch noch einen zukünftigen[5] Äon, ein anderes Reich, gibt, in das der Gläubige nach seinem Tode eingeht. Doch dieser andere Äon liegt nicht nur in der Zukunft. Die Gläubigen sind schon jetzt von dem gegenwärtigen bösen Äon erlöst (Gal. 1,4) und haben die Kräfte des zukünftigen Äons "gekostet" (Hebr. 6,5). Wenn wir im Johannesevangelium wiederholt lesen, daß die Gläubigen jetzt schon "ewiges Leben"[6] **haben**, so steht für "ewig" im griechischen Urtext ein Wort, das von Äon abgeleitet ist. Dieses Eigenschaftswort kann sich doch nicht auf den gegenwärtigen von der Bibel negativ gewerteten Äon, sondern nur auf den künftigen Äon beziehen. Wenn die Gläubigen schon jetzt Leben des zukünftigen Äons haben, so kann doch diese Wirklichkeit nicht nur zukünftig sein, sondern ist bereits hier und heute da. Das heißt: Während der Gläubige in dieser Welt unter dem alten Äon leidet, führt er gleichzeitig ein Leben im zukünftigen Äon. Damit ist er nicht unähnlich seinem König Jesus Christus, der nach biblischen Aussagen gleichzeitig in zwei Äonen lebte. Während er den Jüngern

---

[4] Luk. 16,8; 20,34f; Matth. 12,32; Röm. 12,2; 1. Kor. 1,20; 2,6.8; 3,18; 2. Kor. 4,4; 1. Tim. 6,17; 2. Tim. 4,10; Tit. 2,12.

[5] Mark. 10,30; Luk. 18,30; 20,35; Matth. 12,32; Hebr. 6,5.

[6] s. den Abschnitt "Ewiges Leben", S. 35.

den Vater verkündigte, war er gleichzeitig im Schoß des Vaters (Joh. 1,18).

In der Frage, ob der Himmel, in den Christus aufgefahren ist, und die Hölle Orte im räumlichen Sinne sind, unterscheidet sich die lutherische von der reformierten Theologie. So polemisierte ein reformierter Prediger im Jahre 1594 gegen die unräumliche Betrachtungsweise der Lutheraner: "Dazu geben sie für, daß der himel, in den Christus gefahren und in den er uns zu sich wil nemen, auch allenthalben sey und sich erstrecke durch Himel, Erden und Helle, und daß derhalben der Herr nicht ein haarbreit von der erden auffahren dörffen, daß er mit seinem leibe zum Vatter käme. Denn in jrem himel [dem Himmel der Lutheraner!], der allenthalben ist, lauffen Engel und Teuffel durcheinander, und die Engel haben jren himel bey sich wie die Teuffel jre Helle mit sich führen, welches grewlich zu hören ist".[7] So erscheint die biblische Verkündigung jemandem, der seine Vorstellungen von der Räumlichkeit der Welt so absolut setzt, daß er meint, selbst Gott in seinem Bereich sei den Gesetzen von Raum und Zeit unterworfen.

Wenn der Bereich Gottes nicht den Gesetzen des dreidimensionalen Raumes von Länge, Breite und Höhe unterliegt und wenn die Gläubigen jetzt schon ewiges Leben haben, so stellt sich die Frage, ob es in jener Welt überhaupt eine Zeit gibt. Diese Frage könnte man auch folgendermaßen formulieren: Kann jemand vor dem Jüngsten Tag in den Himmel oder in die Hölle kommen? Daß diese Frage zu bejahen ist, zeigen Jesu Worte vom reichen Mann und armen Lazarus (Luk. 16,19-31). Der arme Mann wird mit Namen genannt. Das deutet darauf hin, daß Lazarus eine lebende Person gewesen war. Auch in der Zeit, als Lazarus schon im Himmel und der reiche Mann schon in der Hölle war, lebten die Brüder des reichen Mannes noch auf der Erde. Wenn es so gewesen wäre, daß sowohl Lazarus als auch der reiche Mann im Grabe auf das Jüngste Gericht hätten warten

---

[7] Georg Spindler, Postilla, Außlegung der Evangelien, Herborn 1594, II, S. 121, zitiert bei Werner Elert, Morphologie des Luthertums I, München 1952, S. 365.

müssen, so hätte ja Jesus über ein Ereignis in der Zukunft, über ein Ereignis nach dem Jüngsten Tag, gesprochen. Aber nach dem Jüngsten Tag leben keine Brüder mehr auf der Erde, die noch zu warnen wären. Doch Jesus spricht ausdrücklich davon, daß zur selben Zeit Lazarus im Himmel, der reiche Mann in der Hölle und die Brüder auf der Erde sind.

Daß man schon im Himmel sein kann, während andere noch auf der Erde leben, zeigt Jesu Zusage, die er einem der beiden mit ihm Gekreuzigten gegeben hat: "Heute wirst du mit mir im Paradiese sein" (Luk. 23,43). Diese Worte Jesu deuten darauf hin, daß die Gesetze des dreidimensionalen Raumes von Länge, Breite und Höhe im Bereich Gottes nicht gelten. Wir wissen, daß Jesus nach seinem Tode im Grabe lag und dann als Auferstandener bei den Jüngern war. Bedeutet das, daß der damals Mitgekreuzigte in der Zeit zwischen Karfreitag und Himmelfahrt ohne Christus im Paradiese war?

Von manchen Theologen, die es für unmöglich halten, daß der Mitgekreuzigte noch vor dem Weltende mit Christus im Paradies gewesen sein kann, wird die entsprechende Bibelstelle folgendermaßen übersetzt: "Wahrlich, ich sage dir heute: 'Du wirst mit mir im Paradiese sein'" (Luk. 23,43). Solche Übersetzung ist rein sprachlich auch möglich, denn in der Zeit der Apostel waren in der griechischen Schrift noch keine Satzzeichen gebräuchlich. Doch warum soll man die Bibelstelle so deuten, daß Jesus vom Kreuz aus verkündigt, daß er heute mit dem Mitgekreuzigten spricht, nicht aber gestern oder morgen? Daß er heute mit ihm spricht, war doch für alle Hörer offensichtlich. Somit kann sich das Wort "heute" nur auf den Tag beziehen, an dem der Mitgekreuzigte im Paradiese sein wird.

Klar und ohne Probleme in bezug auf den Zeitablauf sind folgende Worte des Apostels Paulus: "Ich werde aber von beidem bedrängt: Ich habe Lust abzuscheiden und bei Christus zu sein; es ist viel besser. Aber das Bleiben im Fleische ist nötiger um euretwillen" (Phil. 1,23f). Der Apostel befindet sich also in einem Zwiespalt. Einerseits möchte er lieber tot sein, damit er bei Christus ist, andererseits weiß er, daß er von den Gemeinden noch gebraucht wird. Warum dieser Zwiespalt? Wenn es so wäre, daß der Apostel im Grabe auf den Jüngsten Tag warten müßte, anstatt sofort bei Christus zu sein, warum sollte er sein Sterben herbeisehnen? Wenn er nach dem Tode doch noch nicht bei Christus sein könnte, sondern nur nutzlos im Grabe liegen müßte, warum hat er denn Lust abzuscheiden?

Was geschieht zwischen dem Tod eines Menschen und dem Jüngsten Tag? Wenn wir sterben, dann ist für uns Weltende, dann ist der Jüngste Tag, dann sind wir bei Christus. Andere sterben nach hundert Jahren. Dann ist für sie das Weltende gekommen, das Jüngste Gericht, dann sind sie bei Christus. Der Zeitabschnitt, den wir mit Kalender und Uhr markieren, reicht nur bis zu unserem Tod, nicht aber darüber hinaus. Wir dürfen Kalender Stoppuhr und auch das Metermaß nicht in jene Welt mitnehmen.

Das Verständnis des anderen Äons, in dem die Eigengesetzlichkeit von Raum und Zeit nicht mehr gilt, wirkt sich auch in der Abendmahlslehre aus. Nach den Einsetzungsworten heißt es bei der Brotgabe (1. Kor. 11,24): "Das ist mein Leib". Dieses Brot ist den Gegebenheiten der Welt, auch den Eigengesetzlichkeiten des Raumes mit Länge, Breite und Höhe, unterworfen. Die Frage, ob das auch für den Leib Christi im Abendmahl gilt, ist gleichzeitig eine Frage nach der Räumlichkeit des Leibes Christi.

In den theologischen Streitigkeiten hierüber sind unterschiedliche Ansichten erkennbar. Die eine Auffassung kommt in der römisch-katholischen Lehre von der Verwandlung zum Ausdruck. Man lehrt, daß das Abendmahlsbrot, die Hostie, in einer heiligen Handlung in den Leib Christi umgewandelt werde. Dann ist dieser Leib den Gesetzen der Diesseitigkeit unterworfen. Er kann gewogen, gemessen und transportiert werden. Es ist nicht möglich, daß an dem Ort, an dem eine geweihte Hostie ist, sich gleichzeitig eine zweite befindet. Wenn diese Gedanken konsequent verfolgt werden, ist der Leib Christi, in den die Hostie verwandelt worden sei, nicht derselbe Leib, den Christus in den Tod gegeben hat. Vielmehr verselbständigt sich das geweihte Brot im theologischen Denken, so daß auch die Opferhandlung, die mit dem geopferten Leib zusammenhängt, nicht mehr ausschließlich als der einmalige Opfergang des Gekreuzigten verstanden wird. Es entsteht vielmehr die Idee einer Wiederholung des Opfers in zeitlicher und räumlicher Entfernung vom Sterben Jesu Christi. Je massiver der jeweilige theologische Denkstil die Gesetze des Raumes und der Zeit auch auf Gottes eigenen Bereich anwendet, um so stärker muß der Wiederholungsgedanke die Abendmahlstheologie mitprägen.

Nach einer anderen Auffassung, die innerhalb der reformierten Richtung des Protestantismus vertreten wird, ist im Brot des Abendmahls der Leib Christi überhaupt nicht enthalten. Der Auferstandene ist im Himmel. Daher könne im Sakrament sein Leib nicht mit dem Mund empfangen werden. Wie der Mensch nicht leiblich in den Bereich Gottes eindringen kann, so könne auch der Leib Christi nicht wirklich im Brot des Abendmahls, in der Hostie, sein.

Das klingt zunächst bei einem Vergleich mit der Theorie der Umwandlung wie das andere Extrem. In Wirklichkeit wird in beiden Fällen die weltliche Eigengesetzlichkeit des Raumes so absolutgesetzt, daß sie auch für den Leib Christi gelten soll.

Wir können nicht anders denken als in den Kategorien des dreidimensionalen Raumes mit Länge, Breite und Höhe und der eindimensionalen Zeit. Doch viele Bibelaussagen sind mit diesen unseren menschlichen Denkkategorien nicht zu erfassen. Auf den Gegensatz von unserem Denken zu den Schriftaussagen reagieren Reformierte anders als Lutheraner. Reformierte behaupten einfach, die Schrift widerspräche nicht unserer gläubigen Vernunft. Die einzelnen Bibelworte biegen sie dann so zurecht, daß das in der Tat der Fall zu sein scheint.

Dieser Umgang mit der Bibel wirkt sich z. B. beim Verständnis von Christi Himmelfahrt aus. Da wir nicht anders als in den Kategorien des dreidimensionalen Raumes denken können, verstehen Reformierte Christi Himmelfahrt in der Weise, daß Jesus mit extrem hoher Geschwindigkeit durch das Weltall gesaust sei, um den Himmel zu erreichen, den sie hinter irgendeinem Fixsternsystem vermuten. Da Reformierte es von vornherein für absurd halten, daß der Himmel anders als räumlich sein könnte, unterstellen sie jedem, der die Himmelfahrt nicht als Ortswechsel versteht, er würde nicht glauben, daß Jesus aufgefahren ist gen Himmel.

Heute wird innerhalb der reformierten Theologie der Bereich Gottes nicht mit gleicher Selbstverständlichkeit für räumlich gehalten wie in früheren Jahrhunderten. Die Ursache dafür ist, daß Mathematiker und Physiker sich dem Gedanken geöffnet haben, daß es mehr als drei Dimensionen geben könnte. Diese Veränderung innerhalb des menschlichen Denkens hat bewirkt, daß sich Theologen dem Gedanken öffnen, daß Christus auch in nichträumlicher Weise gen Himmel gefahren sein könnte. Wenn reformierte Theologen sich auch mehr und mehr von einem räumlichen Verständnis von Himmel und Hölle lösen, so muß das noch nicht bedeuten, daß sie auch die falsche Methode, Bibelaussagen nach der menschlichen „Klugheit" zurechtzubiegen, überwunden hätten.

Die Alternative zur reformierten Auslegungsakrobatik ist der lutherische Umgang mit der Bibel. Zentral für diesen ist das Bewußtsein, daß wir als Folge von Adams Sündenfall **völlig** verdorben sind. "Nicht wohnt in mir, das ist in meinem Fleische, Gutes" – schreibt der Apostel Paulus von sich (Röm. 7,18). Dieses Bewußtsein der völligen Verdorbenheit kommt auch im Kirchenlied zum Ausdruck: „Durch Adams Fall ist **ganz verderbt** menschlich Natur und Wesen". Weil wir durch den Sündenfall nicht nur sehr, sondern völlig verdorben sind, deshalb sind die Gedanken, die wir uns über Gott machen, falsch und verkehrt. Deshalb ist es wichtig, daß wir unseren Glauben einzig und allein auf das Irrtumslose Gotteswort gründen, und in keiner Weise auf unsere Gedanken, und seien sie noch so selbstverständlich.

Daß der dreidimensionale Raum mit Länge, Breite und Höhe sowie die eindimensionale Zeit absolut seien, mögen wir als Binsenweisheit empfinden. Doch auch Binsenweisheiten sind Weisheiten von solchen Menschen, die durch die Erbsünde völlig verdorben sind. Deshalb dürfen wir unseren Glauben nicht auf diese gründen. Wenn die Bibellehre über den Aufenthaltsort Christi unserer Vorstellung über die Absolutheit des Raumes widerspricht, dann widerspricht sie ihr eben. Wenn wir die biblische Lehre nicht verstehen, dann verstehen wir sie eben nicht. Doch wenn wir die Lehre inhaltlich verändern, um sie verstehen zu können, dann sind wir von dem Grundsatz „allein die Schrift" abgewichen.

Das Königreich Jesu

Auch das Königreich Jesu Christi ist kein Gebiet, das diesem Äon, der Welt, angehört. Jesus Christus hat gelehrt: "Wenn ich im Geist Gottes die Dämonen austreibe, so ist zu euch das Reich Gottes gekommen" (Matth. 12,28). Der Ausdruck "Reich Gottes" kann noch genauer übersetzt werden mit "Königreich Gottes". Es ist das ein Bereich, in dem Jesus Christus König ist. Das Reich kommt zu den Menschen, wenn diese das Wort Gottes empfangen und gerettet werden. Wie das vor sich geht, zeigt das Beispiel von Zachäus, von dem Jesus sagt: "Heute ist diesem Hause Heil widerfahren" (Luk. 19,9). Man kann auch übersetzen: "Heute ist diesem Hause Rettung widerfahren." Wo Jesus Christus seine Königsherrschaft aufrichtet, da ist Rettung, da ist Befreiung von Sünde.

Das bedeutet: An einem Ort, wo beispielsweise Jesus einem von Dämonen besessenem Menschen begegnet, treffen zwei völlig entgegengesetzte Königreiche aufeinander. Da begegnet das Königreich Gottes (Matth. 12,28) einem anderen Königreich (Matth. 12,26), nämlich dem des Satan. Wir dürfen uns diese beiden Königreiche nicht wie zwei geographische Gebiete vorstellen, so daß die Grenze zwischen den Gebieten verschoben werden könnte. Vielmehr ist es so: In einem Gebiet, im Palästina der Römerzeit, begegnet der König des Königreiches Gottes einem Gefangenen aus dem Königreiche Satans.

Solange wir das nicht verstehen, können wir uns die Welt nur entweder als Königreich Satans oder als Königreich Gottes vorstellen. Diese Denkweise hat auch die englische Bibelübersetzung NIV beeinflußt. In 1. Joh. 5,19 heißt es wörtlich: "Die ganze Welt liegt im Argen." Die englische Übersetzung NIV gibt diese Worte folgendermaßen wieder: "the whole world is under the control of the evil one" (die ganze Welt ist unter der Kontrolle des Bösen). Diese Übersetzung ist durch den Urtext nicht gedeckt. Zwar wird in der Bibel der Teufel als „Fürst dieser Welt" (Joh. 16,11) bezeichnet, doch der auferstandene Christus spricht: „**Mir** (also nicht dem Teufel) ist gegeben alle Gewalt im Himmel und auf **Erden**" (Matth. 28,18). Außerdem predigt der Apostel Paulus, daß **Gott** die Grenzen der Völker festgesetzt hat (Apg. 17,26).

Der Teufel verfinstert den Sinn einzelner Menschen. Aber Gott hat alles unter Kontrolle. Der Teufel verführte die Söhne Jakobs, ihren Bruder Joseph in die Sklaverei zu verkaufen. Der Teufel verführte irgendwelche Räuberbanden, Hiobs Knechte zu erschlagen und dessen Vieh zu rauben. Der Teufel fuhr in das Herz des Judas, so daß dieser Jünger Jesus verriet. Aber all diese Sünden baute Gott in seine Weltregierung ein. Wenn der Teufel bei der Versuchung Jesu sagt: denn sie (all diese Macht und ihre Herrlichkeit) ist mir übergeben und wem ich will, gebe ich sie" (Luk. 4,6), so dürfen wir nicht übersehen, wer hier spricht. Wir dürfen nicht übersehen, daß diese Worte die Verkündigung des Teufels sind, daß es der Teufel ist, der den Eindruck erwecken will, er sei der Alleinherrscher auf Erden.

In diese Welt, in diesen Äon, ragen zwei Machtbereiche hinein: nämlich das Königreich Gottes und das Königreich Satans. Das ist möglich, weil weder das Königreich Gottes, noch der Teufel den Gesetzen des dreidimensionalen Raumes mit Länge, Breite und Höhe unterworfen ist. Da die beiden Königreiche nicht räumlich sind, ist ein Übergang ohne Ortswechsel möglich.

Jesus war König des Königreiches Gottes und lebte gleichzeitig in der innerweltlichen Machtsphäre des Teufels. Zu seinen

Nachfolgern spricht Christus: "Der Knecht ist nicht größer als sein Herr. Haben sie mich verfolgt, so werden sie auch euch verfolgen" (Joh. 15,20).

Jesu Nachfolger lebten im Königreich Jesu, und doch befanden sie sich auch gleichzeitig im römischen Zirkus, wo sie den Löwen vorgeworfen wurden. Dort im römischen Zirkus gab es auf kleinstem Raum ein Maximum an teuflischen Scheußlichkeiten. Trotzdem sahen Jesu Nachfolger im römischen Zirkus, und zwar im Rachen des Löwen, das Tor zum Himmel. Hier überschneiden sich zwei Ebenen: Eine Ebene ist die räumliche Wirklichkeit, der beispielsweise auch der Hügel Golgatha und der römische Zirkus angehören. Anders geartet ist die Wirklichkeit, der die Engel- und Dämonenmächte angehören.

Ein Land dieser Welt kann nie deckungsgleich mit dem Reich Gottes oder mit dem Reich Satans sein. Doch das Reich Gottes ragt in diese Welt hinein. Johannes der Täufer und auch Jesus selbst verkündigen: "Tut Buße, denn das Himmelreich ist nahe herbeigekommen" (Matth. 3,2; 4,17).

Zu Beginn seiner Lehrtätigkeit benutzte Jesus das Wort "Himmelreich", denn mit dem Wort "Gottesreich" verbanden Jesu Zuhörer die Vorstellung von einem irdischen politischen Friedensreich ohne römische Besatzungsmacht. Wenn Jesus von "Himmelreich" sprach, so lenkte er damit den Blick und die Gedanken seiner Predigthörer weg von diesem Äon und hin zu jenem Äon, der in seiner eigenen Person in diese Welt hineinreicht.

Als Jesus seine Jünger aussandte, Kranke gesundzumachen, Tote aufzuerwecken, Aussätzige zu reinigen und böse Geister auszutreiben, sollten sie auch predigen: "Das Himmelreich ist nahe herbeigekommen" (Matth. 10,7). Denn dort, wo Jesu Jünger im Auftrag ihres Herrn und Meisters den Machtbereich des Teufels zurückdrängen, kommt das Himmelreich "nahe herbei".

Daß das Reich Gottes auch schon in der Zeit Jesu gegenwärtig war, erklären Jesu Gleichnisse vom Himmelreich. Jesus lehrt: "Das Himmelreich gleicht einem Senfkorn, das ein Mensch nahm und auf seinen Acker säte; das ist das kleinste unter allen Samenkörnern; wenn es gewachsen ist, so ist es größer als die Kräuter und wird ein Baum, so daß die Vögel unter dem Himmel kommen und wohnen in seinen Zweigen" (Matth. 13,31f). Das Himmelreich kommt aus jener Welt; im neutestamentlichen Griechisch ausgedrückt: aus jenem Äon. Aber es wächst in dieser Welt, und zwar nicht nur irgendwann in der Zukunft, sondern bereits schon zu Lebzeiten der Predigthörer Jesu.

Das wird auch durch ein weiteres Gleichnis erläutert: "Das Himmelreich gleicht dem Sauerteig, den eine Frau nahm und unter drei Sat Mehl mengte, bis es ganz durchsäuert war" (Matth. 13,33). Wie die Frau Sauerteig in das Mehl einbrachte, so sind die Bürger des Himmelreiches unter die Menschen dieser Welt gemengt. Wie Sauerteig sein biologisches Leben an Süßteig weitergibt, so geben auch die Bürger des Himmelreiches ihr geistliches Leben, das sie aus jener Welt, aus jenem Äon, erhalten haben, an ihre Mitmenschen weiter. Auf diese Weise wächst das Himmelreich in dieser Welt.

In der Bergpredigt lehrt Jesus: "Ihr seid das Salz der Erde", "ihr seid das Licht der Welt" (Matth. 5,13f). Nachfolger Jesu bringen als "Salz der Erde" ihre in der Bergpredigt beschriebene Andersartigkeit in diese Welt hinein. Diese Bilder und der Begriff "Himmelreich" zeigen, daß das Gottesreich kein politisches Gebilde wie ein Staat ist. Sondern wie Salz eine Mahlzeit durchdringt und deren Geschmack verändert, so durchdringt das Gottesreich, dessen Bürger im Römerreich und in anderen politischen Reichen lebten und leben, eben diese Reiche.

Wie die Bürger des Gottesreiches als Salz der Erde diese Welt verändern, so geben sie auch als "Licht der Welt" Orientierung in der Finsternis, die nach Jes. 60,2 das Erdreich bedeckt. Sie sind Träger des Lichtes, mit dem Jesus gemäß den Worten des greisen Simeon die Heiden erleuchtet (Luk. 2,32). "Daran werden alle erkennen, daß ihr meine Jünger seid, wenn ihr Liebe untereinander habt" (Joh. 13,35).

Das Reich Gottes ist schon in der Gegenwart vorhanden, und nicht erst in der Zukunft. Das zeigt auch folgendes Herrenwort: "Wer das Reich Gottes nicht empfängt wie ein Kind, wird in dieses nicht hineinkommen" (Mark. 10,15). Wenn Jesus uns in der Bergpredigt auffordert: "Trachtet am ersten nach dem Königreich (in einer Handschriftengruppe steht: Königreich Gottes) und nach seiner Gerechtigkeit" (Matth. 6,33), so setzt diese Aufforderung voraus, daß es dieses Königreich Gottes bereits in der Gegenwart gibt.

Im griechischen Urtext steht für "Gerechtigkeit" das gleiche Wort, das der Apostel Paulus im Rechtfertigungskapitel Röm. 3 gebraucht. Das bedeutet, Jesus spricht von der Gerechtigkeit, mit der wir vor Gott bestehen können. Jetzt, hier und heute, sollen wir vor Gott bestehen können; jetzt - hier und heute - sollen wir seine Gerechtigkeit suchen, die Gerechtigkeit des Königreiches Gottes.

In der gleichen Bergpredigt, in der Jesus uns auffordert, nach dem Reich Gottes und nach dessen Gerechtigkeit zu trachten, lehrt er uns auch beten: "Dein Reich komme" (Matth. 6,10). Wenn nach der Lehre Jesu das Gottesreich schon in der Gegenwart besteht, dann bitten wir in dieser Bitte, daß das Gottesreich auch zu uns komme. Das heißt, wir bitten, daß wir mit Paulus sprechen können: "So lebe nun nicht ich, sondern Christus lebt in mir " (Gal. 2,20). Lebt aber Christus in uns, dann wohnt auch sein Geist in uns. Das hat zur Folge, daß wir die Frucht des Geistes bringen. Solche Früchte sind: Liebe, Freude, Friede, Geduld, Freundlichkeit, Güte, Treue, Sanftmut, Keuschheit (Gal. 5,22f). Und diese Früchte sind gleichsam für unsere Mitmenschen ein Zeugnis vom Reich Gottes. So breitet sich das Gottesreich aus und drängt das Reich Satans zurück.

Wenn Jesus predigt: "Das Königreich Gottes ist nahe herbeigekommen" (Luk. 10,9), so meint er nicht, daß es irgendwann nach zwei oder mehr Jahrtausenden anbricht, sondern er verheißt, daß es schon zu Lebzeiten seiner Zuhörer aufgerichtet wird. Das geht aus folgenden Herrenworten hervor: "Wahrlich, ich sage euch, daß einige der hier Stehenden sind, die den Tod nicht schmecken werden, bis sie sehen das Reich Gottes kommen in Kraft" (Mark. 9,1, Parallele Luk. 9,27). Die Parallelstelle bei

Matthäus ist noch schwieriger zu verstehen. Dort heißt es: "Wahrlich, ich sage euch, daß einige der hier Stehenden sind, die den Tod nicht schmecken werden, bis sie sehen den Menschensohn als gekommen in seiner Königsherrschaft" (Matth. 16,28).

Denjenigen, die das Tausendjährige Friedensreich, in dem Jesus Christus als König regiert, erst für die Zukunft erwarten, bereiten diese Worte große Schwierigkeiten. Denn diese Worte besagen in der Tat, daß das Gottesreich bereits zu Lebzeiten der Predigthörer Jesu anbrechen wird.

Bibelkritische Theologen haben mit dieser Bibelstelle kein Problem. Sie behaupten, Jesus habe sich geirrt.[8] Weil viele Ausleger, die bibeltreu sein wollen, sich in ihrer Bedrängnis nicht anders zu helfen wissen, nehmen sie etwas von dem bibelkritischen Gedankengut auf. So lesen wir in der Wuppertaler Studienbibel über Mark. 9,1: "Denn nur der begreift hier etwas, der sich anrühren läßt von der heißen Glut lebendiger, gläubiger Erwartung, die spürt wie nahe die kommende Vollendung ist. ... So haben auch die, die in der Nachfolge des Herrn ihren ganz besonderen Auftrag hatten, ein Luther, ein Zinzendorf, ein Blumhardt, 'die Wiederkunft' des Herrn unmittelbar nahe gespürt."[9]

Es ist ein starkes Stück, Worte unseres Guten Hirten, unseres Herrn und Heilandes Jesus Christus, mit Irrtümern begnadeter Gottesmänner in einen Topf zu werfen. Offensichtlich ist, daß es bei den Auffassungen über das Gottesreich und über dessen Beginn Irrtümer gibt. Doch wir sollten ernsthaft die Möglichkeit in Erwägung ziehen, daß es nicht Jesus Christus ist, der sich über den Anbruch seines Reiches geirrt habe, sondern daß auch unsere Vorstellungen vom Gottesreich und von dessen Beginn falsch sein könnten.[10]

---

[8] z. B. Herbert Braun, Jesus - der Mann aus Nazareth und seine Zeit, Stuttgart 1988, S. 47f.

[9] Fritz Rienecker, Das Evangelium des Markus, 9. Aufl. In: Wuppertaler Studienbibel, Wuppertal 1982, S. 165.

[10] Jesus einen Irrtum zu unterstellen, das geht manchen chiliastischen Predigern nun doch zu weit. So weist Gerhard Maier in seiner Auslegung von Matth. 16,28 darauf hin, daß Jesus seit seiner Auferstehung Macht und Herrschaft

Kurz bevor Jesus gefangengenommen wurde, sprach er: "Jetzt ist das Gericht dieser Welt; nun wird der Fürst dieser Welt ausgestoßen werden" (Joh. 12,31). In der Nacht, in der Jesus verraten wurde, verhieß er seinen Jüngern den Tröster. Dieser wird der Welt die Augen auftun unter anderem über das Gericht, "daß der Fürst dieser Welt gerichtet **ist**" (Joh. 16,11).

Der gleiche Apostel, der uns diese Worte Jesu überliefert hat, schreibt der Gemeinde: "Dazu ist der Sohn Gottes offenbart worden, damit er die Werke des Teufels zerstöre" (1. Joh. 3,8). Dann ist noch auf viele Stellen in den Paulusbriefen hinzuweisen, z. B. auf Kol. 1,13, wo wir lesen, daß Gott "uns errettet hat von der Macht der Finsternis und (uns) versetzt hat in das Königreich des Sohnes seiner Liebe" (Kol. 1,13).

Diese und andere Worte wurden niedergeschrieben, als Predigthörer Jesu noch lebten. Sie haben erlebt, daß auf Golgatha und am Ostermorgen die Prophetie aus 1. Mose 3 erfüllt wurde, derzufolge Christus der Schlange den Kopf zertreten wird. Manch einer von Jesu Zuhörern wird den Auferstandenen gesehen und vom Pfingstwunder gehört haben. Wenn Gott Heiden errettet und in das Reich des Sohnes seiner Liebe versetzt hat, so zeigt das die Kraft, mit der das Gottesreich kommt. Um das zu erkennen, muß man sich von falschen räumlichen Vorstellungen lösen.

Doch für das Verständnis von Jesu Worten gibt es noch eine Schwierigkeit: Jesus sagt nicht nur, daß einige seiner Predigthörer den Anbruch seines Reiches erleben werden. Er sagt sogar, daß sie das Königreich Gottes werden kommen "**sehen**" (Mark. 9,1). Im Matthäusevangelium heißt es sogar: "bis sie **sehen**

---

empfangen hat. In diesem Zusammenhang nennt er folgende Bibelstellen: Apg. 10,42; Röm. 1,4; 1. Kor. 8,6; Eph. 1,20ff; Phil. 2,9; Kol. 1,13ff; 2,10.15; 1. Petr. 3,22; Offenb. 1,13ff (Gerhard Maier, Matthäus-Evangelium Teil 2, 4. Aufl., Neuhausen-Stuttgart 1989, S. 18-20). Doch dadurch, daß er trotzdem ein Tausendjähriges Friedensreich für die Zukunft erwartet (Auslegung zu Matth. 24, a. a. O., S. 289 und S. 293), zeigt er, daß er nicht wirklich glaubt, daß Jesus mit seiner Auferstehung und Himmelfahrt seine Herrschaft angetreten hat. Gerhard Maier widerspricht sich somit selbst.

den Menschensohn als gekommen in seiner Königsherrschaft" (Matth. 16,28). Auch sollte zu denken geben, daß Jesus von "**einigen**" spricht und nicht von fast allen, obwohl bis zur Kreuzigung außer Judas nur wenige gestorben sein dürften.

In der Bergpredigt lehrt Christus: "Selig sind, die reines Herzens sind, denn sie werden Gott schauen" (Matth. 5,8). Z. B. die Hohenpriester und die Ältesten, die Jesu Kreuzigung durchgesetzt hatten, haben viele Wunder Jesu gesehen oder zumindest davon gehört. Ihnen war von den römischen Grabwächtern Jesu Auferstehung bezeugt worden (Matth. 28,11f). Sie haben verwundert zur Kenntnis nehmen müssen, daß Jesu ungelehrte Jünger am Pfingsttage im Tempel in fremden Sprachen predigten. Daß in der Folgezeit im gesamten römischen Reich Menschen an Jesus Christus gläubig wurden, konnte ihnen auch nicht verborgen geblieben sein. Trotzdem haben sie nicht den Menschensohn "in seinem Reich" kommen gesehen, denn sie waren nicht reines Herzens.

Um Jesus in seinem Reich kommen zu sehen, braucht man auch "sehende" Augen. Laut Apg. 26,18 hatte der Apostel Paulus von Christus den Auftrag, den Heiden die Augen aufzutun, daß sie sich bekehren von der Finsternis zum Licht und von der Gewalt Satans zu Gott". Zu Lebzeiten des Apostels also sollten sich Menschen "von der Gewalt des Satans zu Gott" bekehren und nicht erst irgendwann in ferner Zukunft. Ebenfalls nicht auf die Zukunft beziehen sich die Worte des Kolosserbriefes, daß Gott "uns errettet hat aus der Gewalt der Finsternis und versetzt in das Reich des Sohnes seiner Liebe" (Kol. 1,13).

In einem anderen Brief zitiert der Apostel, was der Prophet Jesaja über den "Tag des Heils" sagt, und fährt fort: "Siehe, jetzt ist die Zeit der Gnade, siehe, jetzt ist der Tag des Heils!" (2. Kor. 6,2). Der "Tag des Heils", von dem Jesaja schreibt, war somit zur Zeit des Apostels Paulus. Und wenn wir die vom Apostel zitierte Stelle im Zusammenhang bei Jesaja nachlesen, stellen wir fest, daß Jesaja dort (Jes. 49,6-13) das Tausendjährige Friedensreich beschreibt.

Im folgenden weitere Bibelstellen, die aussagen, daß der Teufel durch Jesu Sieg von Golgatha tatsächlich besiegt worden ist:

"... welcher (unser Heiland Jesus Christus) den Tod zunichte gemacht, aber Leben und Unverweslichkeit ans Licht gebracht hat durch das Evangelium, zu welchem ich bestellt worden bin als Herold und Apostel und Lehrer der Nationen" (2. Tim. 1,10f).

"Weil nun die Kinder Fleisch und Blut haben, ist auch er der gleichen Art teilhaftig geworden, damit er durch seinen Tod die **Macht nähme dem**, der des Todes Gewalt hatte, das ist dem **Teufel**, und erlöste die, so durch Furcht vor dem Tode im ganzen Leben Knechte sein mußten" (Hebr. 2,14f).

"Dazu ist erschienen der Sohn Gottes, daß er die Werke des Teufels zerstöre" (1. Joh. 3,8). "Jesus Christus hat dem Tode die Macht genommen und das Leben und ein unvergängliches Wesen ans Licht gebracht durch das Evangelium" (2. Tim. 1,10).

Die Niederlage des Teufels hatte Christus mit folgenden Worten angekündigt: "Nun wird der Fürst dieser Welt ausgestoßen werden" (Joh. 12,31).

Damit beginnt das Friedensreich, von dem die Engel bei Jesu Geburt gesungen hatten: "Friede auf Erden in den Menschen des Wohlgefallens" (Luk. 2,14).

Davon spricht der Engel, als er der Jungfrau Maria die Geburt Jesu ankündigte: "Und Gott der Herr wird ihm geben den Thron Davids, seines Vaters. Und er wird König sein über das Haus Jakob in Ewigkeit, und seines Königreiches wird kein Ende sein (Luk. 1,32f).

Schon die Propheten verkünden in ihrer Weihnachtsbotschaft immer wieder den Frieden, den der Messias bringt: "Denn uns ist ein Kind geboren, ein Sohn ist uns gegeben, und die Herrschaft ruht auf seiner Schulter; und er heißt Wunder-Rat, Gott-Held, Ewig-Vater, Friede-Fürst; auf daß seine Herrschaft groß werde und des Friedens kein Ende auf dem Thron Davids und in seinem Königreich, daß er's stärke und stütze durch Recht und

Gerechtigkeit von nun an und in Ewigkeit. Solches wird tun der Eifer des HERRN Zebaoth" (Jes. 9,5f).

"Des Friedens kein Ende auf dem Thron Davids und in seinem Königreich" - wo befindet sich dieses Königreich Davids? Als es zur Zeit Davids und Salomos seine größte Ausdehnung hatte, reichte es bis zum Euphrat (1. Kön. 5,1; 2. Chr. 9,26). Aber vom Messias heißt es: "Er wird herrschen von einem Meer bis ans andere und von dem Strom bis zu der Welt Enden" (Ps. 72,8). Reichte die Macht Davids bis zum Euphrat, so geht die Macht des Sohnes Davids dort gerade erst einmal los.

Zur Machtergreifung Jesu schreibt Sacharja in prophetischer Schau: "Du, Tochter Zion, freue dich sehr, und du, Tochter Jerusalem, jauchze! Siehe, dein König kommt zu dir, ein Gerechter und ein Helfer, arm und reitet auf einem Esel, auf einem Füllen der Eselin. Denn ich will die Wagen wegtun aus Ephraim und die Rosse aus Jerusalem, und der Kriegsbogen soll zerbrochen werden. Denn er wird Frieden gebieten den Völkern, und seine Herrschaft wird sein von einem Meer bis zum anderen und vom Strom bis an die Enden der Erde" (Sach. 9,9f).

Der Stamm Ephraim war im Nordreich so dominierend, daß mit Ephraim auch das gesamte Nordreich bezeichnet wurde. Rosse waren als Zugtiere damals nicht üblich, sondern wurden für den Krieg gebraucht. Ganz Israel, das Nordreich (Ephraim) und das Südreich (Hauptstadt Jerusalem), das sich zur Zeit der Königsherrschaft des Messias über die ganze Welt erstreckt, ist ein Friedensreich, in dem es keine Kriegswaffen gibt. Auf einem Esel reitet der König nach Jerusalem, um auf Golgatha und am Ostermorgen den Teufel zu besiegen und sein ewiges Friedensreich aufzurichten.

Worin dieser Friede, den Christus der Welt bringt, besteht, verkündet der Prophet Jesaja mit folgenden Worten: "Die Strafe zu unserem Frieden lag auf ihm, und durch seine Striemen ist uns Heilung geworden" (Jes. 53,5). Der Friede, den Christus bringt, ist somit der Friede mit Gott, der in der Vergebung aller unserer Sünden besteht.

Daß es diesen Frieden bereits zu Lebzeiten der Apostel gegeben hat, bezeugen folgende Worte: "Nun wir denn sind gerecht geworden durch den Glauben, so haben wir Frieden mit Gott durch unseren Herrn Jesus Christus" (Röm. 5,1). Ein weiterer Beleg ist der apostolische Segen: "Der Friede Gottes, welcher höher ist als alle Vernunft, bewahre eure Herzen und Sinne in Christus Jesus" (Phil. 4,7).

Der Prophet Jesaja sagt: "... auf daß seine Herrschaft groß werde und des Friedens kein Ende auf dem Thron Davids und in seinem Königreich..." (Jes. 9,6). Ewiger Friede im Königreich Jesu. Und dieses Königreich erstreckt sich von einem Meer bis zum anderen und vom Euphrat bis zum Ende der Erde, also über die ganze Welt. Doch das schließt nicht aus, daß es außerhalb dieses Königreichs Unfrieden gibt. Wie kann sich jemand außerhalb von Jesu Friedensreich befinden, wenn das Friedensreich die ganze Welt umfaßt? Hier ist es wichtig zu wissen, daß Jesu Königreich kein geographisches Gebiet ist, daß es sich zwar über die ganze Welt erstreckt, daß man es aber trotzdem verlassen kann.

Man kann auch nicht sagen, an dem einen Ort sei es, an dem anderen nicht, in Jerusalem sei es, in der Welthauptstadt Rom hingegen nicht. Wenn jemand von Jerusalem nach Rom reise, dann verlasse er das Reich Gottes. Es ist vielmehr so, daß in Jerusalem, der Stadt des Tempels, die Mörder des langersehnten Messias lebten. Aber ein Hauptmann der verhaßten römischen Besatzungsmacht hatte einen Glauben, den Jesus anerkannte. Einen großen Glauben bescheinigte Jesus auch der kanaanäischen Frau, die Jesus bedrängte, ihrer vom Satan besessenen Tochter zu helfen (Matth. 15,22). Als Jesus einmal zehn Aussätzige geheilt hatte, da war nur einer der Geheilten zurückgekommen, um ihm zu danken. Dieser Mann war ausgerechnet ein von den Juden verachteter Samariter (Luk. 17,16).

Jesus verglich einmal das Himmelreich mit einem Menschen, der guten Samen auf seinen Acker säte (Matth. 13,24). Nach Jesu eigener Deutung ist der Acker, auf dem der gute Same gesät wird, die Welt (V. 38). Auch dieses Gleichnis bringt zum

Ausdruck, daß sich Jesu Königreich über die ganze Welt erstreckt. Doch auf dem Acker, der die Welt ist, geht auch Unkraut auf, das der Teufel ausgesät hat (V. 39). Es ist nicht so, daß in einem Teil der Welt, z. B. in Jerusalem und Umgebung, nur Weizen wüchse, in einem anderen Erdteil aber nur Unkraut. Sondern Weizen und Unkraut sind miteinander vermischt. Man kann das Unkraut nicht ausjäten, ohne gleichzeitig auch den Weizen mit auszureißen, z. B. den Hauptmann von Kapernaum, die kanaanäische Frau und andere.

Nur, wenn wir uns von dem räumlichen Denken lösen, können wir erst viele Bibelaussagen über Israel verstehen. Paulus schreibt den Ephesern, die "vormals nach dem Fleisch Heiden gewesen sind", daß sie damals ausgeschlossen waren vom Bürgerrecht in Israel (Eph. 2,11f). Das bedeutet, daß man durch den Glauben an Christus Bürger Israels wird, auch wenn man in Ephesus lebt. Denn das Königreich Jesu reicht von Meer zu Meer und vom Euphrat bis zu den Enden der Erde. Und im Hebräerbrief lesen wir: "Ihr seid gekommen zu dem Berge Zion und zu der Stadt des lebendigen Gottes, dem himmlischen Jerusalem, und den vielen tausend Engeln und zu der Versammlung und Gemeinde der Erstgeborenen, die im Himmel angeschrieben sind, und zu Gott, dem Richter über alle, und zu den Geistern der vollendeten Gerechten und zu dem Mittler des neuen Bundes, Jesus, ..." (Hebr. 12,22-24). Wohlgemerkt, es steht nicht: Ihr werdet kommen, sondern "ihr seid gekommen". Die Hebräer lebten irgendwo im Römischen Reich, aber sie waren gleichzeitig auf dem Berge Zion, im himmlischen Jerusalem. Christus ist ja auch im Himmel und gleichzeitig bei uns bis an der Welt Ende.

Nur wenn wir uns vom räumlichen Denken lösen, können wir die Prophetie des Propheten Jeremia verstehen, derzufolge Gott Israel (dem Nordreich) verheißt, es nach "Zion" zu bringen. Hier gibt es gleich mehrere Verständnisprobleme. Zu Lebzeiten Jeremias wurden die Bewohner des Südreiches, die Bewohner von Juda, in die babylonische Gefangenschaft geführt. Die Bewohner des Nordreiches waren schon mehr als hundert Jahre zuvor von den Assyrern weggeführt worden. Von heute aus betrachtet, ist eine Rückkehr des Nordreiches in der Zukunft schon deshalb nicht mehr möglich, weil diese Menschen sich mit anderen Völkern vermischt haben und daher heute nicht mehr auffindbar sind. Die heutigen Juden sind Menschen, die sich als Nachkommen der Bewohner von Juda - also des Südreiches - betrachten, also Angehörige der Stämme Juda, Simeon, Levi und Benjamin. Die restlichen Stämme sind völlig verschollen.

Doch der Prophet Jeremia schreibt, daß Gott Israel nach "Zion" bringen wird (Jer. 3,14). Zion ist nach heutigen Maßstäben ein Stadtteil einer Kleinstadt. Und damit nicht genug: Einige Verse weiter (V. 17) lesen wir, daß Gott "alle Heiden" zu "Jerusalem" sammeln will. Daß die Gotteskinder der ganzen Welt sich räumlich in dieser Kleinstadt versammeln, ist ebenso unmöglich wie dies, daß sie alle räumlich in Abrahams Schoß Platz haben könnten. Wir kommen nicht umhin, derartige Prophezeiungen im Sinne der zuvor zitierten Stelle aus Hebr. 12 zu verstehen, daß die Gläubigen - wo immer auf dieser Welt sie sich befinden - trotzdem gleichzeitig in Jerusalem oder in Zion leben.

Ewiges Leben

Es wurde bereits[11] gezeigt, daß der "zukünftige Äon" nicht nur zukünftig ist, sondern daß er bereits jetzt schon in unser Leben hineinragt. Das geht auch aus folgenden Herrenworten hervor: "Und wie Mose die Schlange erhöht hat in der Wüste, so muß des Menschen Sohn erhöht werden, damit jeder, der an ihn glaubt, habe ewiges Leben" (Joh. 3, 14f). Das gleiche lesen wir im folgenden Vers: "Also hat Gott die Welt geliebt, daß er seinen eingeborenen Sohn gab, auf daß jeder, der an ihn glaubt, nicht verloren werde, sondern ewiges Leben habe".

Noch deutlicher ist diese Aussage in Vers 36 des gleichen Kapitels, wo es heißt: "Wer an den Sohn glaubt, hat ewiges Leben". Dann gibt es noch weitere Herrenworte, die ebenfalls be-

---

[11] s. den Abschnitt „Wo ist Christus?", S. 12.

zeugen, daß der Gläubige bereits ewiges Leben hat: "Wer mein Wort hört und glaubt dem, der mich gesandt hat, hat ewiges Leben und kommt nicht ins Gericht, sondern ist vom Tode zum Leben hindurchgedrungen" (Joh. 5,24). "Denn das ist der Wille meines Vaters, daß jeder, der den Sohn sieht und glaubt an ihn, habe ewiges Leben; und ich werde ihn auferwecken am Jüngsten Tage" (Joh. 6,40). "Wer an mich glaubt, hat ewiges Leben" (Joh. 6,47).

Christus sagt von seinen Schafen: "Ich gebe ihnen ewiges Leben, und sie werden nicht umkommen in Ewigkeit, und niemand wird sie aus meiner Hand reißen" (Joh. 10,28). Der Wechsel der Zeiten von "ich gebe" zu "niemand wird" zeigt, daß Jesu Schafe bereits auf Erden ewiges Leben haben.

Der Apostel Paulus vergleicht das Leben, das wir bereits jetzt haben, mit einem Samenkorn und den Auferstehungsleib mit der ausgewachsenen Pflanze (1. Kor. 15,37ff). Bei allem Unterschied im Erscheinungsbild von einem Samenkorn und dem dazugehörigen ausgewachsem Gewächs dürfen wir nicht übersehen, daß es sich um ein und dieselbe Pflanze handelt.

An anderer Stelle schreibt der Apostel, daß der Heilige Geist das "Unterpfand unseres Erbes" (Eph. 1,13f; 2. Kor. 5,5) ist. Das griechische Wort, das Bibelübersetzungen mit "Unterpfand" wiedergeben, ist ein Fachausdruck aus der Geschäftssprache. Es bedeutet eine Anzahlung, die einen Teil der Gesamtzahlung vorwegnimmt. Gott hat uns schon jetzt etwas aus dem zukünftigen Äon gegeben, er hat uns schon jetzt seinen Heiligen Geist gegeben, er hat uns schon jetzt geistliches Leben gegeben.

Davon spricht Christus im hohenpriesterlichen Gebet: "Das ist das ewige Leben, daß sie dich, den einzig wahren Gott, erkennen und den du gesandt hast, Jesus Christus" (Joh. 17,3). Wer glaubt, der ist vom Tode zum Leben hindurchgedrungen (Joh. 5,24). Und dieses Leben endet nicht mit dem leiblichen Tod. Mit einem Herrenwort ausgedrückt: "Wenn jemand mein Wort wird halten, der wird den Tod nicht sehen in Ewigkeit" (Joh. 8,51).

Die Sündlosigkeit der Gotteskinder

Wenn wir Bürger des Gottesreiches sind und bereits jetzt schon ewiges Leben haben, wie verhält es sich dann mit der Sündlosigkeit im Gottesreich? Wir haben bereits gesehen, daß Jesus dem Teufel die Macht genommen hat (Hebr. 2,14f). "Dazu ist erschienen der Sohn Gottes, daß er die Werke des Teufels zerstöre" (1. Joh. 3,8). An diese Worte schließt sich unmittelbar an: "Wer aus Gott geboren ist, der tut nicht Sünde, denn was er von Gott empfangen hat, das bleibt in ihm; und kann nicht sündigen, denn er ist von Gott geboren" (1. Joh. 3,9). An einer anderen Stelle desselben Briefes ist das gleiche ausgesagt: "Wir wissen, daß wer von Gott geboren ist, der sündigt nicht, sondern wer von Gott geboren ist, den bewahrt er, und der Arge wird ihn nicht antasten" (1. Joh. 5,18). Wohlgemerkt: Es steht nicht "der sündigt nicht vorsätzlich", sondern es steht "der sündigt nicht". Doch wie sind diese Worte mit folgender Aussage des gleichen Briefes vereinbar?: "Wenn wir sagen, wir haben keine Sünde, so verführen wir uns selbst, und die Wahrheit ist nicht in uns" (1. Joh. 1,8).

Die Antwort finden wir im siebenten Kapitel des Römerbriefes, in dem der Apostel Paulus sowohl über sein Sündenelend als auch über seine Rettung durch Christus schreibt.

Wir lesen: "Ich aber bin fleischlich, unter die Sünde verkauft; denn was ich vollbringe, erkenne ich nicht; denn nicht was ich will, das tue ich, sondern was ich hasse, das tue ich. Wenn ich aber das, was ich nicht will, tue, so stimme ich dem Gesetz bei, daß es gut ist. Nun aber vollbringe nicht mehr ich dasselbe, sondern die in mir wohnende Sünde. Denn ich weiß, daß in mir, das ist in meinem Fleische, wohnt nichts Gutes; denn das Wollen ist bei mir vorhanden, nicht aber das Vollbringen des Guten. Denn das Gute, das ich will, das tue ich nicht; sondern das Böse, das ich nicht will, das tue ich. Wenn ich aber das tue, was ich nicht will, so vollbringe nicht mehr ich dasselbe, sondern die in mir wohnende Sünde. Also finde ich das Gesetz für mich, der ich das

Gute tun will, daß das Böse bei mir vorhanden ist. Denn ich erfreue mich an dem Gesetz Gottes nach dem inneren Menschen; aber ich sehe ein anderes Gesetz in meinen Gliedern, das dem Gesetz meines Sinnes widerstreitet und mich gefangennimmt in dem Gesetz der Sünde, das in meinen Gliedern ist. Ich elender Mensch! Wer wird mich retten vom dem Leibe dieses Todes? Dank dem Gott durch Jesus Christus unseren Herrn. Also nun diene ich selbst mit dem Gemüt dem Gesetz Gottes, mit dem Fleische aber dem Gesetz der Sünde" (Röm. 7,14b-25).

Mit diesen Worten beschreibt der Apostel seinen augenblicklichen Zustand - der Apostel, der für die Ausbreitung des Evangeliums keine Arbeit und keine Gefahr für Leib und Leben gescheut hat. Daß das durch die Sünde so völlig verdorbene "Ich" das "Ich" des Apostels sein soll, können viele nicht begreifen und denken daher, der Apostel beschreibe lediglich seine extrem sündige Vergangenheit, aber keineswegs seinen augenblicklichen Zustand.

Dabei weisen sie auf den Textzusammenhang hin. Im sechsten Kapitel des Römerbriefes schildert der Apostel nämlich das Neue Leben: "... dieses wissend, daß unser alter Mensch mit (Christus) gekreuzigt ist, damit der Leib der Sünde aufhöre, damit wir hinfort der Sünde nicht dienen" (Röm. 6,6). Im 17. Vers heißt es: "Dank sei Gott, daß ihr Knechte der Sünde **wahret**, aber nun gehorsam geworden seid ..." Und im 22. Vers lesen wir: "Nun ihr aber seid von der Sünde freigemacht und Gottes Knechte geworden, ..." Dann kommt das siebente Kapitel des Römerbriefes, in dem der Apostel über seine Sündhaftigkeit klagt. Und das achte Kapitel, das Hohelied der Heilsgewißheit, beginnt mit den Worten: "Also ist jetzt kein Verdammungsurteil für die, (welche) in Christus Jesus (sind)."

Mit dem Hinweis auf diesen Textzusammenhang, in dem die Sündenknechtschaft als ein zurückliegender Lebensabschnitt beschrieben wird, wird in der Tat behauptet, in Röm. 7 blicke der Apostel lediglich auf seine Vergangenheit zurück. Doch diese Sicht ist mit dem Wortlaut des Textes unvereinbar. In Röm. 7 heißt es nämlich wörtlich (V. 14b): "Ich **bin** fleischlich, unter die

Sünde verkauft." Es ist unmöglich zu übersetzen: "Ich war ...", sondern man kann nur übersetzen: Ich bin ...". Auch kann man das "Ich" nicht auf einen anderen Menschen beziehen. Es bleibt dabei: Der extrem eifrige Apostel schildert seine eigene augenblickliche Lage, wenn er über seine Sünde erschrocken ist und bekennt, daß er unter die Sünde verkauft ist und daß in ihm nichts Gutes wohnt.

Nur derjenige kann Röm. 7 verstehen, der ein Sündenbewußtsein wie der Apostel hat. Dieses kommt auch im Umfeld von Röm. 7 zum Ausdruck. So lesen wir im sechsten Kapitel von der Schwachheit des Fleisches (V. 19) und von den Begierden des Leibes (V. 12), denen man nicht gehorchen soll. Aus Röm. 7,7 geht hervor, daß Paulus die Begierde bereits als Sünde wertet. Somit hat er das Sündenbewußtsein der Bergpredigt. Auch im achten Kapitel klingt das Sündenbewußtsein des Apostels durch, wenn er schreibt: "Wenn ihr aber durch den Geist die Handlungen des Leibes tötet, werdet ihr leben" (8,13). Es ist also noch etwas da, das zu töten ist; und dieses gewisse Etwas ist Sünde. Der gesamte Textzusammenhang, und nicht nur einige Verse von Röm. 7, zeigt, daß auch derjenige, der in Christus lebt, durch und durch Sünder ist.

Wenn der Gläubige durch und durch Sünder ist, wie sind dann 1. Joh. 3,9 und 5,18 zu verstehen, wo wir von Sündenfreiheit lesen? Die Antwort finden wir in den bereits zitierten Worten aus Röm. 7, wo es heißt: "Nun vollbringe nicht mehr ich dasselbe, sondern die in mir wohnende Sünde. Denn ich weiß, daß in mir, das ist in meinem Fleische, wohnt nichts Gutes, denn das Wollen ist bei mir vorhanden, nicht aber das Vollbringen des Guten. Denn das Gute, das ich will, das tue ich nicht; sondern das Böse, das ich nicht will, das tue ich. Wenn ich aber das tue, was ich nicht will, so vollbringe nicht mehr ich dasselbe, sondern die in mir wohnende Sünde" (Röm. 7,17-20).

Als Wiedergeborener ist der Apostel eine Neuschöpfung; und deshalb sündigt er nicht. Er hat aber Sünde; denn er hat von Adam sein Fleisch geerbt, das durch die Erbsünde völlig verdorben ist, in dem "nichts Gutes" wohnt. Dieses durch die Erbsünde völlig verdorbene Fleisch, in dem "nichts Gutes" ist, ist aber ein anderes Ich als der Apostel. Denn Paulus bezeichnet den Christen selbst nicht mehr als Sünder, als unter der Herrschaft der Sünde befindlich.

Das Leben in Christus ist ein lebenslänglicher Kampf gegen dieses andere Ich, gegen das Fleisch. "Denn das Fleisch gelüstet wider den Geist, aber der Geist wider das Fleisch; diese aber sind einander entgegengesetzt, auf daß ihr nicht tut, was ihr wollt" (Gal. 5,17).

Nur wer die soeben dargelegte biblische Lehre von der Sündlosigkeit der Gotteskinder versteht, der kann dem folgen, wie Offenb. 20 in dieser Veröffentlichung noch erklärt werden wird. Wer nicht versteht, daß der Wiedergeborene eine Neuschöpfung ist, die weder sündigt, noch Sünde tut, wer nicht versteht, daß diese Neuschöpfung von dem sündigen Fleisch, in dem nichts Gutes wohnt (Röm. 7,18), zu unterscheiden ist, der hat nicht wirklich begriffen, daß Jesus Christus durch seinen Auferstehungssieg den Teufel besiegt, der alten Schlange aus 1. Mose 3 bereits den Kopf zertreten hat. Wer die Sündlosigkeit der Gotteskinder nicht versteht, dem muß der Gedanke von vornherein als absurd erscheinen, daß in Offenb. 20 unsere nachösterliche Heilszeit beschrieben sein könnte, wenn wir lesen, daß der Teufel gebunden ist.

Wer nicht versteht, daß jemand Sünde haben kann, obwohl er als Neuschöpfung weder selbst sündigt noch Sünde tut, der wird immer wieder darauf hinweisen, daß der Teufel umhergeht wie ein brüllender Löwe (1. Petr. 5,8), und daraus die falsche Schlußfolgerung ziehen, daß der Teufel jetzt noch nicht gebunden sein könne, daß er erst in Zukunft gebunden werden würde. Doch dieser Irrtum bedeutet, daß Jesus durch seinen Auferstehungssieg den Teufel nicht wirklich besiegt hätte, daß die wahre neutestamentliche Heilszeit erst in Zukunft anbrechen würde.

Bildhafte Rede

Der einzelne Gläubige hat bereits schon auf Erden ewiges Leben, er ist Bürger Israels, ein sündloser Bürger des Reiches Gottes, denn "wer aus Gott geboren ist, der tut nicht Sünde" (1. Joh. 3,9). Gleichzeitig ist er aber ein Fremdling in der von der Bibel so negativ gewerteten Welt. Der an Christus Gläubige ist eine neue Kreatur, wie Paulus sagt: "Wer in Christus ist, der ist eine neue Kreatur" (2. Kor. 5,17), - also eine neue Schöpfung. Doch das schließt nicht aus, daß er einen von Adam ererbten Leib hat, in dem in bezug auf die Sünde "nichts Gutes" "wohnt" (Röm. 7,18), der aber auch krank und gebrechlich ist. Von körperlichen Schwachheiten waren selbst begnadete Gottesmänner wie Paulus (2. Kor. 12,7) und Timotheus (1. Tim. 5,23) betroffen. Doch wie passen diese körperlichen Krankheiten, unter denen der Apostel Paulus und sein junger Mitarbeiter Timotheus zu leiden hatten, zusammen mit den Beschreibungen des Friedensreiches, die wir bei den alttestamentlichen Propheten finden? Diese Frage führt zum Problem der bildhaften Rede.

Die Weise, wie das Neue Testament auf Prophetenworte Bezug nimmt, rückt die Möglichkeit ins Blickfeld, daß es sich bei vielen Beschreibungen der messianischen Heilszeit um bildhafte Rede handeln könnte. So lesen wir z. B. in Jes. 40,3f: "Stimme eines Rufenden: In der Wüste bahnet den Weg des HERRN; ebnet in der Steppe eine Straße für unseren Gott: Jedes Tal soll erhöht, und jeder Berg und Hügel erniedrigt werden; und das Höckerichte soll zur Ebene werden, und das Hügelige zur Niederung!" Diese Worte werden im NT (Luk. 3,4f) als Prophetie der Wirksamkeit Johannes des Täufers zitiert. Das bedeutet: Diese Worte sind schon erfüllt; wir brauchen auf ihre Erfüllung nicht mehr zu warten. Da aber die Gegend, in der Jesus auftrat, bis heute bergig ist, müssen wir die Prophezeiung von der Einebnung der Landschaft als bildhafte Rede verstehen. Die Bibel spricht in Bildern. Wenn es z. B. in Ps. 23 heißt: "Er lagert mich auf grünen Auen, er führt mich zu stillen Wassern" (V. 2), so bedeutet das nicht, daß wir Gras essen wie Schafe. Auch das Wasser, von dem im 23. Psalm die Rede ist, müssen wir ebenfalls geistlich verstehen. Jesus nimmt dieses Bild auf, wenn er zur Samariterin (Joh. 4,10ff) vom lebendigen Wasser spricht. Doch diese Frau versteht ihn falsch und sagt: "Herr, hast du doch nichts, womit du schöpfest, und der Brunnen ist tief; woher hast du denn lebendiges Wasser?"

Dabei ist Wasser bei den alttestamentlichen Propheten ein wiederholtes Bild für geistliche Gaben: So lesen wir z. B. in Sach.: "Und seine Füße werden stehen zu der Zeit auf dem Ölberg, der vor Jerusalem liegt nach Osten hin. Und der Ölberg wird sich in der Mitte spalten, vom Osten bis zum Westen, sehr weit auseinander, so daß die eine Hälfte des Berges nach Norden und die andere nach Süden weichen wird. ... Zu der Zeit werden lebendige Wasser aus Jerusalem fließen, die eine Hälfte zum Meer im Osten und die andere Hälfte zum Meer im Westen, und so wird es sein im Sommer und im Winter" (Sach. 14,4-8). Auf diese und andere Stellen spielt Jesus an, wenn er sagt: "Wer an mich glaubt, von dessen Leib werden - **wie die Schrift sagt** - Ströme lebendigen Wassers fließen" (Joh. 7,38). Daß das Gotteswort von Jerusalem ausgeht, ist auch in Jes. 2,3 prophezeit. Darauf bezieht sich Christus, wenn er seinen Jüngern bei seiner Himmelfahrt sagt: " ... und werdet meine Zeugen sein zu Jerusalem und in ganz Judäa und Samarien und bis an das Ende der Erde" (Apg. 1,8).

Dadurch, daß sich der Ölberg in Ost-West-Richtung spaltet, werden die Wasser, die von Jerusalem ausgehen, nicht durch den Ölberg behindert, sondern können durch die Spalte ins Tote Meer fließen. Die Prophetie, daß Christi Füße auf dem Ölberg stehen werden, ist dadurch erfüllt, daß sich Jesus, wenn er in Jerusalem war, sehr häufig dort aufgehalten hat. Dort liegt auch der Garten Gethsemane. Wir brauchen also nicht mehr darauf zu warten, daß seine Füße auf dem Ölberg stehen werden. Die anderen Weissagungen Sacharjas beziehen sich doch auch auf das erste Kommen Jesu. Hierzu folgende Beispiele: Sach 9,9 erfüllt in Matth. 21,5; Sach 11,12 erfüllt in Matth. 26,15; Sach. 12,10 erfüllt in Joh. 19,37 und Luk. 23,48; Sach. 13,7 erfüllt in Matth. 26,31.

Und was die Spaltung des Ölbergs betrifft, so kam es durch das Erscheinen Jesu auf dem Ölberg nicht nur im Judentum zur Spaltung (Apg. 14,4; Joh. 7,43; 9,16), sondern zu einer Scheidung der Geister quer durch die ganze Menschheit: "Wer den Sohn hat, der hat das Leben; wer den Sohn nicht hat, der hat das Leben nicht" (1. Joh. 5,12).

Wasser ist nicht das einzige Beispiel für bildhafte Rede in der Bibel. Wenn Jesus den Herodes als "Fuchs" bezeichnet (Luk. 13,32), so sagt er damit nicht, daß Herodes kein Mensch, sondern ein vierfüßiges Tier sei. Die Pharisäer bezeichnet Jesus als "Schlangen- und Otterngezücht" (Matth. 23,33). Der Apostel Paulus warnt die Gemeinden vor den "Hunden" (Phil. 3,2), und der Zusammenhang zeigt, daß es Menschen sind, vor denen er warnt. Und der Prophet Jesaja bezeichnet die Hirten des Volkes sowohl als "stumme Hunde, die nicht bellen können", als auch als "gierige Hunde, die nie satt werden können" (Jes. 56,10f). So beschreibt der Prophet Jesaja seine Gegenwart.

Doch der Prophet sieht im Geist ein Friedensreich, in dem es anders sein wird: "Und ein Reis wird hervorgehen aus dem Stumpfe Isais, und ein Schößling aus seinen Wurzeln wird Frucht bringen. Und auf ihm wird ruhen der Geist Des HERRN, der Geist der Weisheit und des Verstandes, der Geist des Rates und der Kraft, der Geist der Erkenntnis und der Furcht Des HERRN; und sein Wohlgefallen wird sein an der Furcht Des HERRN. Und er wird nicht richten nach dem Sehen seiner Augen, und nicht Recht sprechen nach dem Hören seiner Ohren; und er wird die Geringen richten in Gerechtigkeit, und den Demütigen des Landes Recht sprechen in Geradheit. Und er wird die Erde schlagen mit der Rute seines Mundes, und mit dem Hauche seiner Lippen den Gottlosen töten. Und Gerechtigkeit wird der Gurt seiner Lenden sein, und die Treue der Gurt seiner Hüften. - Und der Wolf wird bei dem Lamme weilen, und der Pardel bei dem Böcklein lagern; und das Kalb und der junge Löwe und das Mastvieh werden zusammen sein, und ein kleiner Knabe wird sie treiben. Und Kuh und Bärin werden miteinander weiden, ihre Jungen zusammen lagern; und der Löwe wird Stroh fressen wie das Rind. Und der Säugling wird spielen an dem Loche der Natter, und das entwöhnte Kind seine Hand ausstrecken nach der Höhle des Basilisken. Man wird nicht übeltun, noch verderbt handeln auf meinem ganzen heiligen Gebirge; denn die Erde wird voll sein von der Erkenntnis des HERRN, gleichwie die Wasser den Meeresgrund bedecken. - Und es wird geschehen an jenem Tage: Der Wurzelsproß Isais, welcher dasteht als Panier der Völker, nach ihm werden die Nationen fragen; und seine Ruhestätte wird Herrlichkeit sein" (Jes. 11,1-10).

Die Natter, an dessen Loch ein Säugling spielen wird, gehört zu dem "Schlangen- und Otterngezücht", das die Pharisäer nach Jesu Worten waren und wozu auch der Christenverfolger Saulus gehörte. Dieses "Schlangen- und Otterngezücht" hat andere daran gehindert, ins Himmelreich zu kommen (Matth. 23,13). Doch der bekehrte Apostel Paulus gehört nicht mehr dazu, er fügt kleinen Kindern keinen geistlichen Schaden zu.

Auch mit "Löwen" und "Bären" sind Menschen gemeint. "Ein Gottloser, der über ein armes Volk regiert, ist wie ein brüllender Löwe und ein gieriger Bär", lesen wir in den Sprüchen (20,15). Und im 22. Psalm, den die Evangelien als Leidenspsalm Jesu werten, lesen wir, daß "Farren", "Stiere", "Hunde" und "Löwen" das Leben Jesu bedrohen. Aber in Jesu Friedensreich, das der Prophet Jesaja beschreibt, ist es anders. Da frißt der Löwe Stroh wie das Rind (Jes. 11,7).

Jesus Christus, der Gute Hirte (Joh. 10), weidet gemäß Ps. 23 auch ehemalige "Löwen", auch ehemaliges "Schlangen- und Otterngezücht" auf einer grünen Aue und führt sie zum stillen Wasser. Dort fügen sie den anderen Schafen keinen Schaden zu. Deshalb kann ein Säugling am Loche der Natter spielen und das entwöhnte Kind kann seine Hand nach der Höhle des Basilisken ausstrecken.

Von Jesu Friedensreich schreibt Jesaja weiter: "Man wird nicht übeltun, noch verderbt handeln auf meinem ganzen heiligen Gebirge; denn die Erde wird voll sein der Erkenntnis Des

HERRN, gleichwie die Wasser den Meeresgrund bedecken. - Und es wird geschehen an jenem Tage: Der Wurzelsproß Isais, welcher dasteht als Panier der Völker, nach ihm werden die Nationen fragen; und seine Ruhestätte wird Herrlichkeit sein" (Jes. 11,9f). Das "heilige Gebirge" dürfen wir uns nicht als eine geographische Gegend neben anderen geographischen Gegenden vorstellen, sondern es erstreckt sich - wie bereits ausgeführt[12]- über die ganze Welt. Dieses "heilige Gebirge" ist geographisch nicht unterschieden von dem Lebensraum derer, die nicht in Jesu Friedensreich leben. In Jesu Friedensreich hineingehen bzw. zum "heiligen Gebirge" kommen oder dieses verlassen, geschieht nicht durch eine Ortsveränderung im lokalen Sinn, sondern durch eine geistliche Ortsveränderung.

Und wenn man auf dem "ganzen heiligen Gebirge" "nicht übeltun, noch verderbt handeln" wird, so ist dies zu verstehen wie 1. Joh. 3,9 und 5,18, wo gesagt ist, daß diejenigen, die aus Gott geboren sind, weder Sünde tun, noch sündigen.[13]

Auch die Aussage, daß die Völker nach dem "Wurzelsproß Isais" fragen werden, ist in der neutestamentlichen Heilszeit erfüllt. Die Welt lag in Finsternis, nur in Israel gab es Licht, wie der Prophet Jesaja schreibt: "Denn siehe, Finsternis bedecket die Erde und Dunkel die Völkerschaften; aber über dir strahlt der HERR auf, und seine Herrlichkeit erscheint über dir. Und Nationen wandeln zu deinem Lichte hin, und Könige zum Glanze deines Aufgangs" (Jes. 60,2f). Doch durch Jesus bleibt das Licht nicht auf ein Volk beschränkt. So spricht der greise Simeon, als man das Jesuskind in den Tempel brachte. "... ein Licht zur Offenbarung der Nationen und zur Herrlichkeit deines Volkes Israel" (Luk. 2,32).

Zur Zeit Jesajas war das Nordreich in der assyrischen Gefangenschaft. Das Südreich war noch nicht nach Babel weggeführt worden. Doch der Prophet sagt nicht nur die Wegführung und die Rückkehr voraus, sondern er spricht auch davon, daß

---

[12] s. oben den Abschnitt „Bildhafte Rede", S. 41.
[13] s. oben den Abschnitt „Die Sündlosigkeit der Gotteskinder", S. 37.

Gott "zum zweiten Male" seine Hand ausstrecken wird: "Und es wird geschehen an jenem Tage, da wird der Herr noch zum zweiten Male seine Hand ausstrecken, um den Überrest seines Volkes, der übrigbleiben wird, loszukaufen aus Assyrien und aus Ägypten und aus Pathros und aus Äthiopien und aus Elam und aus Sinear und aus Hamath und aus den Inseln des Meeres. Und er wird den Nationen ein Panier erheben und die Vertriebenen Israels zusammenbringen, und die Zerstreuten Judas wird er sammeln von den vier Enden der Erde" (Jes. 11,11f).

Diese Worte schließen sich unmittelbar an an die oben zitierten Jesajaworte, daß man nicht übeltun wird auf dem ganzen heiligen Gebirge und daß die Nationen nach dem Wurzelsproß Isais fragen werden. Zur Zeit Jesajas stand die Wegführung nach Babel und die Rückführung aus Babel noch bevor. Es stand aber auch bevor, daß Gott "den Überrest seines Volkes" durch Jesu Blut "loskaufen" wird, damit er auf dem "heiligen Gebirge", damit er in Jesu Friedensreich lebt. Auf diese zentralen Ereignisse von Karfreitag, Ostern und Pfingsten bezieht sich das Ausstrecken der Hand Gottes "zum zweiten Mal" und nicht auf die Ereignisse des Jahres 1948, als im Nahen Osten ganz ohne Buße und ohne Umkehr zu Christus ein Staat gegründet wurde.

Auch diejenigen, denen es schwerfällt, in unserer nachösterlichen Zeit die Erfüllung alttestamentlicher Prophetie zu erkennen, können nicht bestreiten, daß die Propheten in Bildern sprechen. Welchen Sinn soll es haben, daß die Völker die Schwerter, die sich noch in den Museen befinden, in Pflugscharen umschmieden (Jes. 2,4)? Es ist absurd anzunehmen, daß in der Zukunft Schwerter jemals wieder Kriegswaffen werden könnten.

Bildhafte Rede finden wir auch in folgenden Prophetenworten aus Sacharja vor: "An jenem Tage, spricht Der HERR, werde ich alle Rosse mit Scheuwerden und ihre Reiter mit Wahnsinn schlagen; und über das Haus Juda werde ich meine Augen offen halten, und alle Rosse der Völker mit Blindheit schlagen" (Sach. 12,4). Da Rosse und Reiter weder heute kriegsentscheidend sind, noch jemals wieder kriegsentscheidend werden können, müssen auch diejenigen, die dieses Wort auf die Zukunft beziehen, zugeben, daß es sich hier um bildhafte Rede handelt.

Das gleiche Problem haben wir in Hes. 39, wo es heißt: "Und die Bewohner der Städte Israels werden hinausgehen, und werden Feuer machen und heizen mit Waffen und Tartschen und Schilden, mit Bogen und Pfeilen und mit Handstäben und Lanzen; und sie werden Feuer machen sieben Jahre lang" (Hes. 39,9).

Wer die Erfüllung dieser Prophetie in die Zukunft verlegt, weil er sich dagegen sträubt, in der Bibel auch bildhafte Rede zu sehen, der kommt dadurch erst recht in Schwierigkeiten; denn er müßte allen Ernstes behaupten, daß die aus unserer heutigen Sicht technologisch veralteten Holzwaffen wie Schilde, Bogen, Pfeile, Keulen und Spieße bei zukünftigen militärischen Auseinandersetzungen in solch erheblichem Ausmaß wieder benutzt werden, daß man Brennholz für sieben Jahre hat, wenn man sie verheizt.

Doch wenn diese und andere Prophetenworte Bilder benutzen, warum soll es dann ausgeschlossen sein, daß wir Bilder vor uns haben, die die neutestamentliche Heilszeit, in der wir leben, beschreiben.

Bilder haben wir ebenfalls vor uns, wenn wir lesen: "Denn siehe, ich (bin) schaffend (einen) neuen Himmel und (eine) neue Erde, daß man der vorigen nicht mehr gedenken und sie nicht mehr zu Herzen nehmen wird. Vielmehr frohlocket und jubelt immerdar über das, was ich schaffend (bin). Denn siehe, ich (bin) schaffend Jerusalem zum Jubel und dessen Volk zum Entzücken. Und ich juble über Jerusalem und frohlocke über mein Volk" (Jes. 65,17-19).

Der Hinweis auf Jerusalem zeigt, daß wir uns den neuen Himmel und die neue Erde nicht so vorstellen dürfen, daß Gott eine neue Materie des Himmels und der Erde schaffen werde. Denn auf der neuen Erde gibt es auch Jerusalem. Und dieses Jerusalem ist, wie wir aus Hebr. 12,22 wissen, überall dort, wo die Bürger Jerusalems, wo die Bürger des Reiches Gottes, leben.

Der Himmel besteht sowieso nicht aus Materie, noch ist er ein räumlicher Ort. Sondern dort, wo Jesus gepredigt hat, dort war das Himmelreich "nahe herbeigekommen". Das Reich Gottes ist dort, wo Bürger des Gottesreiches sind, dort, wo Einwohner Jerusalems leben. Die Bürger des Gottesreiches haben jetzt schon, und nicht erst nach ihrem leiblichen Tod, ewiges Leben. Wir sehen, daß der neue Himmel und die neue Erde eine Einheit sind.

Probleme dürfte das Verständnis der sich bei Jesaja anschließenden Verse bereiten: "Und nicht wird in ihr (in Jerusalem) hinfort mehr des Weinens Stimme und die Stimme des Geschreis gehört werden. Nicht wird dort mehr (ein) Säugling (sein) (von nur wenigen) Tagen; und (ein) Greis, der seine Tage nicht erfüllt hätte. Denn der Jüngling wird (als) Sohn (von) hundert Jahren sterben; und der Sünder wird (als) Sohn (von) hundert Jahren als verflucht gelten" (Jes. 65,19f). Denjenigen, die ein aus heutiger Sicht noch zukünftiges Tausendjähriges Reich erwarten, in dem diese Prophezeiung erfüllt werde, dürfte die Tatsache Schwierigkeiten bereiten, daß Jesaja von "Sündern" schreibt, die als Strafe für ihre Sünde im jugendlichen Alter von hundert Jahren sterben müssen. Denn nach chiliastischer Auffassung dürfte es auf dieser Welt überhaupt keine Sünder geben, und schon gar nicht auf der "neuen Erde". Wir sehen, das chiliastische Verständnis wird dieser Stelle nicht gerecht.

Wir müssen dieses Jesajawort vielmehr auf die neutestamentliche Heilszeit, die der von Jesaja immer wieder verkündete Christus inzwischen gebracht hat, beziehen. Im Alten Testament galt langes Leben, wie z. B. die lange Lebenszeit Abrahams und Hiobs, als Segen Gottes und früher Tod als Strafe Gottes. Die menschliche Lebenserwartung betrug in vorsintflutlicher Zeit fast 1000 Jahre. Wenn die Strafe des frühen Todes erst bei hundertjährigem Leben eintritt, so ist dies ein Bild für das Ausmaß der Langmut und Güte des barmherzigen Gottes, mit der er in der neutestamentlichen Heilszeit dem Sünder begegnet.

Kopernikus und die Bibel

Bis in unsere Zeit hinein hat sich die Auffassung erhalten, es sei Bibellehre, daß sich die Sonne um die Erde drehe. Folgende Stellen werden dabei angeführt: „Und es geschah, als **die Sonne** untergegangen war und Finsternis geworden war ..." (1. Mose 15,17). Weitere Stellen, aus denen hervorgeht, daß die Sonne auf- bzw. untergeht, sich also bewegt, sind z. B. 1. Mose 19,23; 28,11; 32,32; Ps. 50,1; 113,3; Pred. 1,5; Matth. 5,45; 13,6; Mark. 1,32; 16,2; Luk. 4,40.

Zur Widerlegung der Auffassung des Kopernikus (1473-1543), der bekanntlich die heute übliche Auffassung im wesentlichen vertrat, wurde und wird vor allem auf Jos. 10,12f hingewiesen: „Damals redete Josua zum HERRN, an dem Tage, da der HERR die Amoriter vor den Kindern Israel dahingab, und sprach vor den Augen Israels: **Sonne, stehe still** in Gibeon, **und Mond** im Tale Ajalon! Und **die Sonne stand still, und der Mond blieb stehen ... . Und die Sonne blieb mitten am Himmel stehen und eilte nicht zum Untergang,** ungefähr einen ganzen Tag (Jos. 10,12f).

Während die Sonne zur Zeit Josuas lediglich stillstand, ging sie zur Zeit Hiskias sogar zurück: „Und dies wird dir das Zeichen sein von seiten des HERRN, daß der HERR dieses Wort tun wird, welches er geredet hat: Siehe, ich lasse den Schatten der Grade, welche er an dem Sonnenzeiger Ahas' **durch die Sonne** niederwärts gegangen ist, um zehn Grade rückwärts gehen. Und **die Sonne** kehrte an dem Sonnenzeiger zehn Grade zurück, welche **sie** niederwärts gegangen war" (Jes. 38,7f).

Daß sich die Sonne auf einer Umlaufbahn bewegt, geht aus folgender Stelle hervor: „Und sie (die Sonne) ist wie ein Bräutigam, der hervortritt aus seinem Gemach; sie freut sich wie ein Held, **zu durchlaufen die Bahn.** Vom Ende des Himmels ist ihr Ausgang, und **ihr Umlauf** bis zu ihren Enden ..." (Ps. 19,6f).

In jedem Kalender lesen wir von „Sonnenaufgang" und „Sonnenuntergang", und niemand kommt auf den Gedanken, daß die Herausgeber des Kalenders das kopernikanische Weltbild ablehnen könnten. Warum wird aber in die Bibel die Unvereinbarkeit mit Kopernikus hineininterpretiert? Antikopernikaner weisen darauf hin, daß wir in einer Kultur der Verlogenheit und der Heuchelei leben, wo es üblich ist, daß etwas gesagt und etwas anderes gemeint wird. Deshalb werde von Sonnenauf- bzw. Sonnenuntergang gesprochen, während man in Wirklichkeit die Bewegung der Erde meine. Doch die Bibel ist kein Lügenbuch. Folglich ist es keine Lüge, wenn es heißt: „Du hast die Erde zugerichtet, und sie bleibt stehen" (Ps. 119,90).

Doch die Antikopernikaner sollten bedenken, daß die Bibel **für uns** geschrieben ist. Und weil sie **für uns** geschrieben ist, schildert sie die Wirklichkeit aus **unserer** Perspektive. Und aus **unserer** Perspektive steht die Erde fest, sofern nicht gerade ein Erdbeben ist.

Wenn es z. B. in Jeremia heißt: „Von Norden wird das Unglück ausbrechen" (Jer. 1,14), und wenn es heißt: „Es wird ein Volk kommen vom Land (im) Norden und ein großes Volk wird aufbrechen vom entferntesten Teil der Erde" (Jer. 6,22), so ist damit Babel gemeint. Babel, der heutige Südirak, liegt östlich von Israel und nicht nördlich. Doch Gott sprach nicht aus der Perspektive des heutigen Landkartenbetrachters, sondern aus der Perspektive derer, die damals das Unheil zu erwarten hatten. Damals konnte man eine Armee nicht durch über 700 km Wüste führen, oder es war zumindest sehr schwierig. Folglich fiel die Streitmacht von Norden in Israel ein. Und aus der Perspektive derer, die die Bedrohung vom Norden her zu erwarten hatten, ließ Gott den Propheten das kommende Unheil schildern.

Aus der Perspektive der Hörer und Leser des Gotteswortes steht die Erde fest. Denn Bewegung ist etwas relatives. Und die Menschen, an die das Gotteswort zuerst erging, hatten nicht im Geiste einen Standpunkt außerhalb der Himmelskörper eingenommen, um deren Bewegung zu betrachten.

Wie in der Bibel die Botschaft aus der Perspektive der ersten Hörer entfaltet wird, wurde bereits[14] durch die Prophetie deutlich, daß Gott „zum zweiten Male" seine Hand ausstrecken und den „Überrest seines Volkes" loskaufen wird „aus Assyrien und aus Ägypten und aus Pathros und aus Äthiopien und aus Elam und aus Sinear und aus Hamath und aus den Inseln des Meeres ..." (Jes. 11,11). Auch aus anderen Gegenden wird Gott den Überrest seines Volkes loskaufen. Doch die namentlich aufgezählten Landschaften waren bei denen, die die Botschaft Jesajas zuerst vernahmen, im Blickfeld.

Was hat der Streit um Kopernikus mit der Frage des Tausendjährigen Reiches zu tun? Diejenigen, die ein zukünftiges irdisches Friedensreich erwarten, und die Antikopernikaner machen bei der Bibelauslegung ähnliche Fehler. Sie versperren sich gegen den Gedanken, daß es in der Bibel bildhafte Rede geben könnte. Und die Antikopernikaner gehen darin noch weiter, daß sie sogar den Gedanken von sich weisen, daß die in der Bibel beschriebene Bewegung der Himmelskörper relativ sein könnte.

Daß sich die Sonne um die Erde bewege, war die Auffassung Luthers (1483-1546) und der meisten Prediger seiner Zeit. Doch das hat wenig mit richtiger oder falscher Bibelauslegung zu tun. Denn, selbst wenn diese Theologen die entsprechenden Bibelstellen zitierten, haben sie mehr oder weniger gedankenlos die allgemeine Auffassung ihrer Zeit übernommen. Daß es nicht immer ein falscher Umgang mit der Bibel war, erkennt man daran, daß Luther und die Lutheraner die Auffassung von einem noch bevorstehenden Tausendjährigen Friedensreich nicht ebenfalls übernommen, sondern abgelehnt haben (Artikel 17 der Augsburgischen Konfession). Denn sowohl die Erwartung eines zukünftigen Tausendjährigen Reiches als auch die Ablehnung der Lehre des Kopernikus sind Konsequenzen ein und desselben Fehlers bei der Schriftauslegung. Wer die Möglichkeit bildhafter Rede von vornherein ausschließt, der gelangt zu dem Irrtum, es sei Bibellehre, daß sich die Sonne auch im physikalischem Sinne

---

[14] s. oben den Abschnitt „Bildhafte Rede", S. 41.

um die Erde bewege. Wer die Möglichkeit bildhafter Rede von vornherein ausschließt, der kann es nicht nachvollziehen, daß viele Prophetien über die neutestamentliche Heilszeit bereits erfüllt sind, der erwartet deren Erfüllung folgerichtig erst in der Zukunft.

Daß Kopernikus heute weitgehend anerkannt ist, bedeutet nicht, daß die falsche Bibelauslegung überwunden worden wäre. Denn besonders seit Newton (1643-1727) ist es offenkundig, daß sich die Sonne nicht um die Erde drehen kann. Die Newtonschen Gesetze kann man durch reine Denkarbeit überprüfen. Man ist dabei nicht auf irgendwelche Messungen, die fehlerhaft sein könnten, angewiesen. Mit bloßem Auge sieht man, daß sich die Bahn der Sonne im Jahreszyklus verändert. Doch nach den Newtonschen Gesetzen ist es physikalisch nicht möglich, daß die Sonne ihre Bahn verändert, wenn sie sich um die Erde bewegt. Somit ist es offenkundig, daß die Sonne nicht im physikalischen Sinne um die Erde kreisen kann.

Diese offenkundige Tatsache haben manche als schriftwidrig empfunden. Doch einer als schriftwidrig gewerteten Aussage zuzustimmen, das ist Bibelkritik. Und diese erhielt durch den Siegeszug des kopernikanischen Weltbildes erheblichen Auftrieb und hat den Darwinismus mit seinen üblen gedanklichen Schlußfolgerungen wesentlich gefördert.

Darwin hat durch sein 1859 erschienenes Buch „Die Entstehung der Arten durch natürliche Auslese oder die Erhaltung der bevorzugten Rassen im Kampf ums Dasein" den bereits vor ihm verbreiteten Evolutionismus in ein wissenschaftliches Mäntelchen gehüllt. Nun behaupten dessen Propagandisten, daß nur Dummköpfe diese angeblich wissenschaftlich gesicherte Lehre ablehnen würden. Um nicht als solche betrachtet zu werden, erweisen sich besonders die Pfaffen, die von wirklicher Naturwissenschaft am wenigsten verstehen, als die entschiedensten Vertreter dieses Irrweges. Es ist genau wie im Märchen von des Kaisers neuen Kleidern.

Daß dieses papageienhafte Verbreiten des Darwinismus tatsächlich durch den Zusammenbruch des mittelalterlichen

Weltbildes gefördert worden ist, wird am Verhalten des Papstes Johannes Paul II. (1978-2005) deutlich. Er ist der erste Papst, der die Lehre des Kopernikus anerkannte. Kurze Zeit später erkannte er die Evolutionslehre an. Natürlich tat er es, wie bei den Pfaffen üblich, in synkretistischer Weise, indem er behauptete, Gott hätte mittels Evolution die Vielfalt des Lebens geschaffen.

Die Konsequenzen der Evolutionslehre sind verheerend. Das Recht des Stärkeren, das schon immer das Rechtswesen dominiert hat, erhält nun ein pseudowissenschaftliches Mäntelchen. Es ist sicherlich nicht ohne Bedeutung, daß sowohl Hitler als auch Stalin Anhänger Darwins waren. Im „Kampf ums Dasein" soll der Schwache (die zurückgebliebene Rasse bzw. die unterlegene soziale Schicht) umkommen, damit sich die Menschheit höherentwickeln könne. Christliche Nächstenliebe, die sich gemäß der Predigt Jesu des Schwachen annimmt, ist einem echten Darwinisten ein Greuel.

Ein Darwinist erkennt weder eine Verantwortung vor Gott an, noch akzeptiert er irgendwelche von Gott gegebenen Moralnormen. Wer nicht in der Verantwortung vor Gott lebt, der akzeptiert nur eine einzige Moralvorschrift, welche lautet: Du sollst dich nicht erwischen lassen. Es ist folgerichtig, daß die Kriminalität in dem Ausmaß zunimmt, in dem die Verantwortung vor Gott aus dem Blickfeld gerät. Oder man findet einen gesellschaftlichen Konsens, um die Normen des Zusammenlebens zu ändern. Dann kann man im Sinne Darwins ganz offen die Schwächsten töten, z. B. die Geisteskranken, vermeintliche Untermenschen, Alte und die Kinder im Mutterleib.

Israel und die Gemeinde

Es wurde bereits darauf hingewiesen, daß man in Ephesus leben und gleichzeitig das Bürgerrecht in Israel haben kann. Doch im Gegensatz zu dieser geistlichen Wirklichkeit neigen Menschen dazu, ihr Heil an irgendwelche materiellen Gegenstände oder an irgendwelche Orte dieser Welt zu binden. So wurde zur Zeit Hiskias mit der ehernen Schlange, die Mose während der Wüstenwanderung gemacht hatte, Götzendienst getrieben; ihr wurde geräuchert (2. Kön. 18,4). Der Blick auf die Schlange hatte zur Zeit des Mose vielen Menschen das Leben gerettet. Daher war die Schlange ein Sinnbild und Hinweis auf das Kreuz Christi, denn der Blick auf den Gekreuzigten bringt Rettung. Trotzdem wird Hiskia dafür gelobt, daß er die eherne Schlange zerstört hat (2. Kön. 18,3).

In unserer Zeit wurden und werden Holzsplitter, die vom Kreuze Christi stammen sollen, sowie andere materielle Gegenstände, mit denen Jesus in Berührung gekommen sein soll, verehrt. Im April 1996 beteiligten sich sogar auch "Protestanten" an der Heilig-Rock-Wallfahrt in Trier, um die als angeblich letztes Gewand Jesu ausgestellte Reliquie zu sehen.[15]

Verehrt wurden und werden die Orte, in denen Jesus sich aufgehalten hat, und auch das Land, in dem er gelebt hat. Eine ganz besondere Verehrung wird der tiefgläubigen Jungfrau, die unseren Heiland geboren hatte, zuteil. Verehrt wird ein ganzes Volk, in das hinein Jesus geboren worden ist. Doch in diesem Volk ist er auch verworfen und gekreuzigt worden. Von Teilen dieses Volkes wird er bis heute abgelehnt. Kann man Menschen, die Jesus ablehnen, als Gottesvolk bezeichnen?

Gibt es zwei Gottesvölker: ein alttestamentliches und ein neutestamentliches? - Gibt es ein alttestamentliches Gottesvolk, dem die leiblichen Nachkommen Abrahams angehören, auch wenn sie im Unterschied zu Abraham (Joh. 8,56) Christus ablehnen, und ein neutestamentliches Gottesvolk, dem diejenigen angehören, die an Christus glauben?

Da Gott nach Röm. 11,1 sein Volk nicht verstoßen hat, liegt die Frage nahe, ob es nicht vielleicht zwei Heilswege geben könnte: Ein Heilsweg wäre die leibliche Abstammung von Abraham, selbst dann, wenn man Jesus ablehnt. Wer aber andere Vor-

---

15 ideaSpektrum 17/1996, S. 36f; ideaSpektrum 19/1996, S. 13.

fahren hat, dem bliebe noch der Glaube an Jesus Christus als ein weiterer Heilsweg.

Doch wenn wir den Gedanken, daß es zwei Gottesvölker geben könnte, als unbiblisch ablehnen, stellt sich die Frage: Wer oder was ist Israel? In den Sendschreiben der Offenbarung ist von denen die Rede, "die sagen, sie seien Juden, und sind's nicht, sondern lügen" (Offenb. 3,9). Ist hier von Menschen die Rede, die in bezug auf ihre leibliche Abstammung lügen?

Der Apostel Paulus schreibt in Röm. 9-11 ausführlich über Israel und über die Verheißungen, die Gott diesem Volk gegeben hat. Die Antwort auf die Frage, ob die leibliche Abstammung ausreicht, um diesem Volk anzugehören, bereitet der Apostel in den vorhergehenden Kapiteln des Römerbriefes vor. So lesen wir in Röm. 2,25b-29: "Wenn du ein Übertreter des Gesetzes bist, ist deine Beschneidung zur Unbeschnittenheit geworden. Wenn nun die Unbeschnittenheit die Rechtssatzungen hält, wird da nicht die Unbeschnittenheit als Beschneidung angerechnet? Und es richtet die das Gesetz haltende von Natur Unbeschnittenheit dich, der du durch Buchstaben und Beschneidung ein Übertreter des Gesetzes bist. Nicht aber in dem Äußeren ist er (die Unbeschnittenheit) Jude, noch in dem Äußeren am Fleisch Beschneidung, sondern in dem Verborgenen Jude, und die Beschneidung des Herzens im Geist, nicht im Buchstaben."

Hier schreibt Paulus, daß der gelebte Glaube einen Menschen zum Juden macht, nicht aber die leibliche Abstammung oder die Beschneidung. Darauf wird im nächsten Kapitel näher eingegangen. Es beginnt mit der Frage, die sich aus dem vorher Gesagten ergibt: "Was ist nun der Vorteil des Juden, oder was nützt die Beschneidung?" Und der Apostel antwortet: "Viel, in jeder Hinsicht. Denn zuerst sind ihnen die Aussprüche Gottes anvertraut worden. Was denn? wenn etliche nicht geglaubt haben, wird etwa ihr Unglaube die Treue Gottes aufheben? Das sei ferne!" (Röm. 3,2f).

Paulus bezeichnet diejenige als Juden, denen das Gotteswort anvertraut worden ist. Selbstverständlich ist Christus Inhalt des Gotteswortes. Dann spricht der Apostel vom Unglauben "etlicher", der die Treue Gottes nicht aufhebt. Tatsache ist: Den Juden ist das Gotteswort anvertraut. Israel ist dort, wo die Gläubigen sind. Israel ist nicht bei denen, die zwar von Abraham abstammen, aber dem Gotteswort nicht glauben. Diese Menschen gehören nach Offenb. 3,9 zu denen, "die sagen, sie seien Juden und sind es nicht, sondern lügen".

Juden nach dem Verständnis des Neuen Testaments waren zum Beispiel die Apostel, die Christus verkündigt haben. Jude war auch der greise Simeon, der das Jesuskind auf die Arme nahm und Gott für seine Verheißungen pries. Aber die Feinde Jesu unter den Pharisäern waren nach paulinischer Wertung keine Juden. Denn indem sie Jesus ablehnten, ihn und später die Gemeinde verfolgten, war offensichtlich, daß sie nicht dem Gotteswort glaubten. Nach Jesu Urteil waren sie trotz leiblicher Abstammung von Abraham nicht Kinder Abrahams, sondern sie hatten "den Teufel zum Vater" (Joh. 8,39-44).

Was Kindschaft Abrahams ist, erläutert Paulus im vierten Kapitel des Römerbriefes. Der Textzusammenhang ist der, daß der Apostel darlegt, daß der Mensch nicht durch Werke, sondern durch den Glauben an Christus vor Gott gerecht wird. Das trifft auch für Abraham zu, der nach pharisäischer Auffassung[16] durch seine Werke vor Gott gerechtgeworden sei. Der Apostel zitiert 1. Mose 15,6 mit folgenden Worten: "Es ist zugerechnet worden dem Abraham der Glaube zur Rechtfertigung" (Röm. 4,9). Er fährt fort: "Wie nun ist er zugerechnet?, (dem) in der Beschneidung Seienden oder in der Unbeschnittenheit?" Und dann sagt der Apostel sehr betont: "Nicht in der Beschneidung, sondern in der Unbeschnittenheit". Und er steigert sich: "Und er empfing das Zeichen der Beschneidung, ein Siegel der Glaubensgerechtigkeit, die (er) in der Unbeschnittenheit (hatte), damit er sei der Vater aller in der Unbeschnittenheit Gläubigen, damit ihnen die Gerechtigkeit zugerechnet würde" (V. 11). Der noch unbeschnit-

---

[16] Hermann L. Strack und Paul Billerbeck, Kommentar zum Neuen Testament aus Talmud und Midrasch, Band 3, München ab 1926, S. 186-201.

tene, aber gläubige Abraham ist somit der Vater der unbeschnittenen Gläubigen.

Es ist offensichtlich, daß die unbeschnittenen Gläubigen leiblich von den Heiden abstammen. Dennoch sind sie Abrahams Kinder. Schon Jesus hat gesagt, daß Gott dem Abraham sogar aus Steinen Kinder erwecken kann (Matth. 3,9). Abraham ist nicht nur der Vater der Unbeschnittenheit, sondern auch der Beschneidung. Diese Aussage schränkt der Apostel jedoch ein, denn Abraham ist nicht der Vater aller Beschnittenen. Er ist der Vater "denen, die nicht aus der Beschneidung allein, sondern die auch wandeln in den Fußtapfen des Glaubens, den der Abraham in der Unbeschnittenheit hatte" (V. 12). Daß Abraham als Unbeschnittener glaubte, darauf hat Paulus schon im vorhergehenden Vers hingewiesen. Doch die Art und Weise, wie Paulus diesen Hinweis wiederholt, daß nur diejenigen Beschnittenen, die in den Fußtapfen des noch unbeschnittenen Abrahams wandeln, auch wirklich Abraham zum Vater haben, muß denen unter die Haut gegangen sein, die sich viel auf ihre Beschneidung und auf ihre leibliche Abstammung eingebildet haben.

Wer war Abraham? Abraham war ein unbeschnittener Chaldäer, der in einem anderen Heidenland, und zwar in Haran, gelebt hatte. Weder Beschneidung, noch Abstammung waren das Besondere an ihm, sondern sein Glaube.

Die Frage, wer Nachkomme Abrahams ist, beantwortet der Apostel Paulus im Zusammenhang mit der Frage nach dem Seelenheil und der Frage nach der Rechtfertigung durch Jesus Christus. Es geht darum, ob wir die Rechtfertigung durch das Gesetz oder aber durch den Glauben erlangen. Daß das Gesetz weder in der Vergangenheit noch in der Gegenwart ein Heilsweg war bzw. ist, das hat der Apostel im 3. Kapitel des Römerbriefes mit großem Nachdruck aufgezeigt. Und im vierten Kapitel ergänzt er, daß das sogar für Abraham gilt: "Nicht durch Gesetz (ist) die Verheißung dem Abraham oder seinem Samen, der Erbe der Welt zu sein, sondern durch die Rechtfertigung aus Glauben heraus" (Röm. 4,13). Wenn wir diese Zusagen in 1. Mose nachschlagen, dann sehen wir, wie der Apostel die Verheißungen, die

Gott dem Abraham gegeben hat, auf Christus bezieht. Das hebräische Wort für "Same" in 1. Mose 12,7 und in 1. Mose 15,18 und das entsprechende griechische Wort, mit dem Paulus die hebräische Vokabel wiedergibt, entsprechen in ihrer Bedeutungsvielfalt dem deutschen Wort "Samen". Der "Same" Abrahams ist sowohl der eine Nachkomme, nämlich Christus, und sind auch die vielen Nachkommen, nämlich die Glieder des Leibes Christi.

Dieser "Same" ist sowohl in dem Sinne des einen Nachkommen als auch im Sinne der vielen Nachkommen der Erbe der Welt. Der Apostel spricht von "Welt" (griechisch: kosmos) und nicht nur von Erde im Sinne eines einzelnen Landes (griechisch: gee). Dem Abraham verhieß Gott das Land vom Strom Ägyptens bis zum Euphrat (1. Mose 15,18). Aber der Nachkomme Abrahams, und zwar Christus, herrscht von Meer zu Meer und vom Euphrat bis zu den Enden der Erde (Ps. 72,8; Sach. 9,10).

Wenn der Apostel betont, daß die Verheißungen Gottes nicht durch das Gesetz gegeben werden, so zeigt dies, daß Paulus einen Gegensatz von Gesetz einerseits und Glaube und Gnade andererseits sieht. "Das Gesetz wirkt Zorn" (Röm. 4,15). Es bewirkt den Zorn Gottes, denn außer Christus hat niemand jemals das Gesetz gehalten.

Doch die Verheißung, die Abraham und seine Nachkommen erhalten haben, kommt nicht durch das Gesetz. Paulus schreibt: "Darum (ist die Verheißung) aus Glauben, damit (sie) nach Gnade (sei), damit die Verheißung dem ganzen Samen fest sei, nicht allein dem vom Gesetz, sondern auch dem vom Glauben Abrahams, der unser aller Vater ist, wie geschrieben steht: 'Ich habe dich zum Vater vieler Nationen gesetzt' (1. Mose 17,5)" (Röm. 4,16f). Durch die Worte "unser aller Vater" schließt der Apostel auch solche Glieder der Gemeinde in Rom mit ein, die leiblich nicht von Abraham abstammen.

Wenn der Apostel in diesem Zusammenhang 1. Mose 17,5 zitiert "Ich habe dich zum Vater vieler Nationen gesetzt", dann zeigt er damit, wie diese Stelle richtig zu verstehen ist. Diese alttestamentliche Stelle besagt nicht nur, daß Abraham viele leibliche Nachkommen haben wird, sondern daß die vielen Völker durch den Christusglauben, der sie mit dem Erzvater verbindet, Abrahams Kinder sein werden. Doch dieser Christus sollte erst noch geboren werden.

Damit Abraham trotz der Unfruchtbarkeit seiner Frau dennoch zu Kindern kommt, ließ er sich dazu bewegen, mit Saras Magd Hagar einen Sohn zu zeugen (1. Mose 16). Doch es war ein menschlicher Weg, auf diese Weise der Verheißung Gottes nachzuhelfen, nicht aber der Weg Gottes. Als Abraham noch älter war, erschien ihm Gott im Hain Mamre und verhieß ihm, daß auch Sara einen Sohn haben wird (1. Mose 18,1-15). Paulus weist auf die Glaubensstärke Abrahams hin, die sich darin zeigt, daß er gegen alle menschliche Erfahrung der Verheißung Gottes geglaubt hat, daß er als Hundertjähriger mit der neunzigjährigen Sara zum "Vater vieler Völker" wird (Röm. 4,18-20). Hätte Abraham durch die Vielzahl der leiblichen Nachkommen zum "Vater vieler Völker" werden sollen, dann wäre unwichtig gewesen, ob die Nachkommen von Ismael oder von Isaak abstammen. Nur deshalb, weil Abraham durch Jesus Christus zum "Vater vieler Völker" werden sollte, war es entscheidend wichtig, daß der Träger der Christusverheißung geboren wird - und das war nach dem Ratschluß Gottes nicht Ismael, sondern Isaak, der Sohn der neunzigjährigen Sara.

In den folgenden Kapiteln des Römerbriefes entfaltet der Apostel den Heilsweg ausführlicher. Seine Ausführungen gipfeln im Hohenlied der Heilsgewißheit: "Ich bin gewiß, daß weder Tod noch Leben, weder Engel noch Fürstentümer, weder Gegenwärtiges noch Zukünftiges, noch Gewalten, weder Hohes noch Tiefes, noch irgendein anderes Geschöpf uns scheiden kann von der Liebe Gottes, die in Christus Jesus unserem Herrn" (Röm. 8,38f).

Paulus beteuert anschließend, welch große Traurigkeit und welchen Schmerz ihm der Unglaube seiner stammverwandten Brüder bereitet. In seiner Liebe zu ihnen war er bereit - falls das möglich gewesen wäre - sein eigenes Heil zu opfern. Er weist darauf hin, daß seine Verwandten nach dem Fleisch Israeliten sind, die die Sohnschaft, die Herrlichkeit, die Bundesverheißungen, die Gesetzgebung, den Gottesdienst und die Verheißungen haben. Ihre Vorfahren sind die Väter, und von ihnen stammt Christus leiblich ab (Röm. 9,1-5). Der Apostel betont, daß das Gotteswort doch nicht hinfällig geworden ist.

Aber er erklärt, daß nicht jeder, der von Israel abstammt, auch Israelit ist. Die leibliche Abstammung von Abraham reicht nicht aus, um Nachkomme Abrahams zu sein. Der Apostel erklärt diesen Sachverhalt, indem er die beiden Söhne Abrahams miteinander vergleicht. Worin unterscheiden sich Isaak von Ismael? Beide stammen doch von Abraham ab. Der entscheidende Unterschied ist aber der, daß Isaak der Sohn der Verheißung ist.

Bei Jakob und Esau wird dies noch deutlicher. Der Apostel schreibt, daß Rebecka bei einem "Koitus" zwei Söhne empfangen hatte. Das bedeutet: Zwischen Jakob und Esau bestand keinerlei Unterschied in bezug auf die leibliche Abstammung. Somit ist die Zugehörigkeit zu Israel nicht dasselbe wie die leibliche Abstammung.

Der Apostel zitiert aus dem Propheten Hosea solche Stellen, die besagen, daß das Gottesvolk sowohl aus Juden als auch aus Heiden besteht: " 'Ich werde das Nicht-mein-Volk mein Volk nennen und die Nicht-Geliebte Geliebte.' 'Und es wird geschehen an dem Orte, da zu ihnen gesagt wurde: Ihr seid nicht mein Volk, daselbst werden sie Söhne des lebendigen Gottes genannt werden'" (Röm. 9,25f).

Darüber hinaus zitiert er Jesaja, der verkündet, daß von Israel nur wenige, nur ein Rest, übrigbleibt. Das dürfen wir aber nicht so verstehen, als ob nur wenige Menschen physisch überleben. Damit ist ausgesagt, daß nur wenige Glieder des Volkes Israel auch weiterhin zu Israel gehören werden: "Wäre die Zahl der Söhne Israels wie der Sand des Meeres, der Überrest wird errettet werden. ... Wenn nicht der Herr Zebaoth uns Samen übriggelassen hätte, so wären wir wie Sodom geworden und wie Gomorra gleich geworden" (Röm. 9,27-29).

Der Apostel verneint den Gedanken, daß Gott sein Volk verstoßen hätte (Röm. 11,1). Er selbst ist doch ein Israelit vom Samen Abrahams aus dem Stamme Benjamin (V. 2). Paulus erklärt noch einmal, wer oder was Israel ist, und zwar am Beispiel des Propheten Elia. Damals hatte man die Propheten des Herrn getötet und die Altäre Gottes zerstört. Elia meinte, nur er allein sei noch am Leben. Doch Gott antwortete dem Propheten: "Ich habe mir übriggelassen siebentausend Männer, welche dem Baal das Knie nicht gebeugt haben". Der Apostel zieht zur Situation des Elia die Parallele:: "Ebenso ist nun auch in der jetzigen Zeit ein Rest nach (der) Wahl der Gnade geworden" (Röm. 11,5). Gott hat weder zur Zeit Elias noch zur Zeit des Apostels sein Volk verstoßen. Weil es zur Zeit des Elia einen Rest von siebentausend Männern gegeben hat, die ihre Knie nicht vor dem Baal gebeugt hatten, deshalb kann man nicht sagen, daß Gott sein Volk verstoßen hätte, deshalb kann man auch nicht sagen, daß es das Volk Israel nicht mehr gegeben hätte. Denn dieser "Rest" ist das Volk Israel. Diejenigen, die dem Baal dienten, gehörten nicht zu dem "Rest" und somit nicht zu Israel. Sie waren diese Sorte von Menschen, "die sagen, sie seien Juden, und sind's nicht, sondern lügen" (Offenb. 3,9).

Wenn der Apostel seine Zeit mit der Zeit Elias vergleicht, dann will er damit verdeutlichen, daß sowohl er selbst als auch diejenigen, die dem Christuszeugnis der alttestamentlichen Propheten glauben, zu dem "Rest" gehören, den Gott übriggelassen hat. In diesem "Rest" besteht das Volk Israel fort, nicht aber in den Baalsdienern noch in den Feinden des Kreuzes Christi.

Weil die überwiegende Mehrheit ihres Volkes die Botschaft von Christus abgelehnt hat, brachten die Apostel verstärkt den Heiden das Evangelium. "Wenn aber ihr (der Juden) Fall der Reichtum der Welt ist und ihre Niederlage Reichtum der Nationen, wieviel mehr ihre Vollzahl", schreibt Paulus (Röm. 11,12). Der Apostel ist selbst ein Beispiel dafür, welcher Segen davon ausgeht, wenn von Christus abgefallene Juden umkehren.

In diesem Sinne müssen wir das Wort "Vollzahl" verstehen. Von einer Vollzahl christusgläubiger Juden geht mehr Segen aus als von wenigen. Eine Allversöhnung **aller** "Juden", eine Bekehrung **aller** derer, "die sagen, sie seien Juden und sind's nicht" (Offenb. 3,9), liegt nicht in dem Wort "Vollzahl". Das ergibt sich auch daraus, daß in Röm. 11,25 von der "Vollzahl der Nationen" die Rede ist. Dies bedeutet doch auch nicht, daß sich **jeder** einzelne Heide bekehren werde.

Noch einmal erklärt der Apostel, was unter "Israel" zu verstehen ist. Er entfaltet den Sachverhalt an Hand des Bildes von einem Ölbaum mit Wurzel und Zweigen. Wenn er schreibt: "Ist die Wurzel heilig, (dann) auch die Zweige" (Röm. 11,16), so sagt er damit, daß die Wurzel und die Zweige die gleiche Qualität haben, da es sich um ein und denselben Ölbaum handelt. Es gibt nicht einen alttestamentlichen und einen neutestamentlichen, sondern nur einen einzigen Ölbaum. Der Apostel redet die Gläubigen als "Heilige" an (z. B. Röm. 1,7; 1. Kor. 1,2; 2. Kor. 1,1; Eph. 1,1 ...). Er vergleicht sie mit Zweigen an dem gleichen Ölbaum, dessen Wurzel Abraham und die Erzväter sind.

Paulus führt weiter aus, daß einige Zweige des Ölbaums, nicht aber alle, ausgebrochen sind. Der Ölbaum hat noch Zweige, zum Beispiel die Apostel und andere Jesusnachfolger. Zu diesen Zweigen kommen noch die Wildlinge hinzu, die in den Ölbaum eingepfropft werden. Diese Wildlinge haben nun Anteil an der Wurzel und der Fettigkeit des Ölbaums (V. 17). Das ist von den eingepfropften Wildlingen, nicht aber von den ausgebrochenen Zweigen gesagt. Wir sehen somit, daß derjenige zu Israel gehört, der am Ölbaum dran ist. Allein das ist entscheidend. Warum Zweige des Ölbaums ausgebrochen sind, sagt Paulus in Röm. 11,20: "Sie sind ausgebrochen worden durch den Unglauben, du aber stehst durch den Glauben." Somit stellt Paulus klar: Man ist durch den Glauben am Ölbaum dran, nicht durch die leibliche Abstammung.

Der Glaube an Christus ist auch für die ausgebrochenen Zweige die Möglichkeit, um wieder eingepfropft zu werden. Es ist nicht gesagt, daß alle ausgebrochenen Zweige wieder eingepfropft werden. Auch nicht alle Wildlinge werden eingepfropft. Aber wenn sogar Wildlinge eingepfropft werden, dann erst recht ausgebrochene Zweige in ihren eigenen Ölbaum. Ja, obwohl die Zweige ausgebrochen sind, spricht der Apostel von deren "eigenem Ölbaum" (V. 24).

Am Anfang unseres Abschnittes über Israel hat Paulus geschrieben, daß deren - er meint die ausgebrochenen Zweige - die Sohnschaft, die Herrlichkeit, die Bundesverheißungen, die Gesetzgebung, der Gottesdienst, die Verheißungen und die Väter sind (Röm. 9,4f). Doch das alles nützt nichts, solange die Zweige ausgebrochen bleiben. Man kann dies damit vergleichen, daß der Weinstock einer Rebe nichts nützt, wenn diese nicht am Weinstock - gemeint ist Christus - bleibt (Joh. 15,4-6).

Der Apostel fährt fort, indem er von der Rettung des ganzen Israel schreibt, und beantwortet damit indirekt nochmals die Frage, wer oder was Israel ist: "Denn Verstockung ist Israel zum Teil widerfahren, solange, wie die Fülle der Nationen eingehe.[17] Und auf diese Weise wird das ganze Israel gerettet werden, wie geschrieben steht: 'Es wird aus Zion der Retter kommen, er wird die Gottlosigkeit von Jakob abwenden; und dies ist für sie der Bund von mir, wenn ich ihre Sünden vergeben werde'" (Röm. 11,25-27).

Wenn der Apostel schreibt: "Auf diese Weise wird das ganze Israel gerettet werden, wie geschrieben steht:" und dann Bibelstellen von der Rettung durch Christus zitiert, so zeigt er dadurch eindeutig, worin diese Rettung besteht. Die Rettung besteht in dem Erlösungswerk, das Christus vor 2000 Jahren am

---

[17] Es wird auch übersetzt: "Blindheit ist Israel zum Teil widerfahren, bis die Fülle der Heiden eingegangen sein wird." Der Vokabel nach ist es zwar auch möglich zu übersetzen "bis", nicht aber vom Inhalt her. Denn inhaltlich ist dieser Vers eine Einheit mit den folgenden Versen. Und die folgenden Verse zeigen, daß wir das griechische Wort achri an dieser Stelle im Sinne von "so lange, wie" verstehen müssen. Die Verseinteilung stammt nämlich nicht vom Apostel, sondern sie wurde erst viel später, und zwar im Jahre 1551, durch den Pariser Buchdrucker Robert Etienne eingeführt. Der Apostel will jedenfalls sagen, daß solange, wie die Fülle der Heiden nach Israel eingehe, solange, wie Wildlinge in den Ölbaum eingepfropft werden, einem Teil Israels Verstockung widerfahren ist. Aber auf diese Weise, daß der Retter aus Zion die Sünden wegnimmt, wird das ganze Israel gerettet werden.

Karfreitag und am Ostermorgen vollbracht hat. "Auf diese Weise wird das ganze Israel gerettet werden", also dadurch, daß Jesus die Gottlosigkeit von Jakob abwendet und Sünden vergibt.

In manchen Bibelübersetzungen lesen wir: "Dann" oder "alsdann" "wird das ganze Israel gerettet werden". Dabei handelt es sich um einen eindeutigen Übersetzungsfehler. Denn das griechische Wort "houtoos" heißt niemals "dann", sondern es heißt: "auf diese Weise". Welche Weise Paulus meint, verdeutlichen die alttestamentlichen Zitate von der Rettung durch Christus.

Wer eindeutig falsch übersetzt "danach wird das ganze Israel gerettet werden" oder wer diese Stelle so auslegt, als ob dies so dastünde, der reißt diesen Vers aus dem Zusammenhang, in den ihn der Apostel gestellt hat, und stellt ihn in einen falschen Zusammenhang. Der falsche Zusammenhang ist die Vorstellung von einem als zukünftig gedachten Tausendjährigen Friedensreich, in dem bekehrte Juden mit Christus im irdischen Jerusalem die Weltregierung bilden.

Der Apostel schreibt jedenfalls, daß "auf diese Weise", also auf die Weise, daß Jesus die Sünden wegnimmt, das ganze Israel gerettet wird. Zum ganzen Israel gehören die christusgläubigen natürlichen Zweige des Ölbaums, z. B. die Apostel. Zum ganzen Israel gehören auch die eingepfropften Zweige, z. B. wir, die wir von den Heiden abstammen, aber Christus angehören. Ebenfalls zum ganzen Israel gehören die ausgebrochenen Zweige, die in ihren eigenen Ölbaum wieder eingepfropft wurden, z. B der Apostel Paulus.

Für den Apostel ist es ein ganz zentraler Verkündigungsinhalt, daß die Rettung des ganzen Israel in dem von Jesaja beschriebenem Leiden und Sterben des Gottesknechtes liegt. Doch die ausgebrochenen Zeige, also diejenige unter den Juden, die Christus ablehnen, erkennen in dem von Jesaja beschriebenen leidenden und sterbenden Gottesknecht nicht Jesus Christus. Sie beziehen diese Bibelstelle auf das jüdische Volk.[18] Das Volk Israel wurde in der Geschichte ständig verfolgt, und ganz besonders in Auschwitz.[19]

Man sollte meinen, daß Christen ihr Heil allein im Leiden, Sterben und Auferstehen Christi sehen. Doch das schließt leider nicht aus, daß auch Gläubige manchmal anders empfinden, daß sie ihre Hoffnung auf eine äußerliche sichtbare Herrschaft Christi setzen. Derartige Erwartungen verbinden sie mit der traditionellen Kirchenlehre, daß Jesus auf Golgatha das Heil für die Welt bewirkt hat, in folgender Weise: Jesus kam, um uns von Sünden zu befreien; aber er werde noch einmal kommen, um uns ein irdisches Friedensreich zu bringen. Durch diese Sicht werden Karfreitag und Ostern lediglich zu einem Vorspiel wahrhaft neutestamentlicher Ereignisse. Das bedeutet, Jesus habe damals auf Erden sein Werk lediglich begonnen, es aber noch nicht vollendet. Die "Heilsgeschichte" - als ob es außer dem auf Golgatha errungenem Heil noch ein anderes "Heil" geben könnte - die "Heilsgeschichte" gehe weiter. Und in dieser "Heilsgeschichte" falle "Israel" eine besondere Rolle zu.

---

[18] Hermann L. Strack und Paul Billerbeck, Kommentar zum Neuen Testament aus Talmud und Midrasch, Band I, München ab 1926, S. 481 und S. 485.

[19] Daß auch christliche Prediger (unbewußt) durch den Hinweis auf Auschwitz die Blicke der Gläubigen vom Hügel Golgatha abwenden, zeigen folgende Zitate aus Karfreitagspredigten: „Und so trägt dieser Knecht Gottes, dieser Schmerzensmann, nun also auch die Züge der durch die Jahrhunderte in Europa verfolgten, vertriebenen, in Pogromen ermordeten Juden, trägt die Züge der Millionen, die in den Gaskammern von Auschwitz und in den anderen Vernichtungslagern ums Leben gebracht wurden" (Pastor Frank Eibisch in einer Predigt vom 28.3.2002 in der Chemnitzer Friedenskirche, veröffentlicht im Internet unter folgender Adresse: home.t-online.de/home/emk-frieden.chemnitz/pr290302.htm).

„Für die Menschen in Israel ist Gottes Knecht ein Name ihres eigenen Volkes. Ihre Auserwählung betrachten sie auch so. Erwählt als die Allerverachtetsten und Unwertesten, von Gott als Ganzopfer, Holokaust dahingegeben" (Predigt vom 21.4.2000, veröffentlicht vom Ev. Pfarramt Martinstr. 9, 77855 Achern im Internet unter folgender Adresse: www.kircheansnetz.de/EkiAchern/20000421.html).

Demgegenüber können wir nicht nachdrücklich genug betonen, daß unser Heiland auf Golgatha starb, und nicht in Auschwitz. Mit diesem Hinweis rennt man bei den Gläubigen angeblich offene Türen ein. Doch sind diese Türen wirklich sperrangelweit offen? Warum erregen sich denn viele Gläubige so heftig, wenn jemand die Historizität der "Gaskammern" anzweifelt? Nirgendwo in der Bibel sind Auschwitz und die "Gaskammern" erwähnt. Es handelt sich somit nur um menschliche Erkenntnisse, die wie alle menschlichen Erkenntnisse auch falsch sein können.

Doch bei Auschwitz geht es nicht nur um historische Tatsachen. Es geht auch nicht nur um Milliardenzahlungen. Sondern die Leugnung der "Gaskammern" wird so empfunden, wie ein Christ die Leugnung von Jesu Leiden und Sterben empfinden muß, nämlich als Leugnung des von Jesaja beschriebenen Leidens und Sterbens des Gottesknechtes. Wenn Gläubige die "Gaskammern" faktisch zu einem Glaubensartikel machen, dann sind sie damit von dem reformatorischen Grundsatz "allein die Schrift" abgewichen.

Was früher einmal geschah, wissen wir aus den Geschichtsquellen. In der Geschichtswissenschaft gilt es als Binsenweisheit, daß die Quellen mit Lügen durchsetzt sind. Das gilt besonders in Kriegs- und Nachkriegszeiten, wenn der Haß gegen den Gegner geschürt und die eigenen Verbrechen relativiert werden sollen. Noch in den sechziger Jahren habe ich in der Schule gelernt, daß die Nazis Seife aus den Knochen ihrer KZ-Opfer herstellten und Lampenschirme aus deren Haut. Die amerikanischen Soldaten waren entsetzt, als ihnen nach dem Krieg in Dachau die "Gaskammer" gezeigt wurde. Doch nach heutiger Geschichtsschreibung waren in den KZs auf deutschem Boden niemals Gaskammern zur Tötung von Menschen in Betrieb gewesen. Später konnte man in Auschwitz eine "Originalgaskammer" besichtigen. Doch seitdem ein amerikanischer Bösewicht Gestein aus der Wand dieser "Gaskammer" herausgebrochen hatte und festgestellt wurde, daß dieses Gestein keine erhöhten Werte an Eisenzyanid enthält, wurden aus der "Originalgaskammer" stillschweigend eine "Rekonstruktionen". Eine treffendere Bezeichnung wäre „Fälschung".

Der Apostel Paulus schreibt seinem Mitarbeiter Timotheus: "Du aber bleibe in dem, was du gelernt hast und wovon du völlig überzeugt bist, da du weißt, von wem du gelernt hast" (2. Tim. 3,14). Aus dem unfehlbaren Gotteswort haben wir gelernt, daß unser Heil auf Golgatha geschah. Was sich aber in Auschwitz ereignete, wissen wir von Lügnern.

Aus dem Gotteswort haben wir gelernt zu unterscheiden zwischen den ausgebrochenen Zweigen und den Zweigen, die am Ölbaum dran sind, zu unterscheiden zwischen dem Israel Gottes und denen, "die sagen, sie seien Juden, und sind's nicht, sondern lügen".

Allerdings wird in der Schrift der Ausdruck "Jude" auch in einem anderen Sinne gebraucht, z. B. in dem Satz: "Wir aber predigen Christus den Gekreuzigten, den Juden ein Ärgernis, den Griechen eine Torheit" (1. Kor. 1,23). Im neutestamentlichen Griechisch gibt es keine Anführungsstriche. Diese müssen wir in der deutschen Übersetzung an den Stellen ergänzen, an denen es der Zusammenhang ergibt, daß nicht die Juden, sondern nur diejenigen, "die sagen, sie seien Juden, und sind's nicht", gemeint sind. Das sind z. B. die Stellen, die besagen, daß die "Juden" die Gemeinde verfolgt haben (Joh. 20,19 ...).

Daß Israel nicht auf die leibliche Nachkommenschaft von Abraham beschränkt bleibt, ist im Alten Testament vorhergesagt. In prophetischer Schau sieht Jesaja, daß andere Nationen in Israel aufgenommen werden: "Juble, du Unfruchtbare, die nicht geboren, brich in Jubel aus und jauchze, die keine Wehen gehabt hat! denn die Kinder der Vereinsamten sind mehr als der Kinder der Vermählten, spricht der HERR. Mache weit den Raum deines Zeltes, und man spanne aus die Behänge deiner Wohnstätte; wehre nicht! Mache deine Seile lang, und deine Pflöcke stecke fest! Denn du wirst dich ausbreiten zur Rechten und zur Linken; und dein Same wird die Nationen in Besitz nehmen, und wird die verödeten Städte bevölkern" (Jes. 54,1-3; zum Teil zitiert in Gal. 4,27).

Und Sacharja prophezeit: "Und es wird geschehen, daß alle Übriggebliebenen von allen Nationen, welche wider Jerusalem gekommen sind, von Jahr zu Jahr hinaufziehen werden, um den König, den HERRn der Heerscharen, anzubeten und das Laubhüttenfest zu feiern" (Sach. 14,16). Weshalb schreibt Sacharja ausgerechnet vom Laubhüttenfest? Dieses alljährliche Fest ist eine Erinnerung an die Wüstenwanderung, als Israel in Zelten wohnte.

Das bedeutet: Menschen anderer Nationen werden zu Israel gehören, Israels Geschichte wird somit auch deren Geschichte sein. Wie Gott damals sein Volk aus der ägyptischen Knechtschaft herausgerissen hatte, so hat er auch uns von Sündensklaverei befreit. Das Passalamm, das vor dem Verlassen Ägyptens geschlachtet und dem kein Knochen zerbrochen worden war, ist das Vorbild für das Lamm Gottes, das auf Golgatha getötet und dem ebenfalls kein Knochen zerbrochen worden ist (Joh. 19,33-36). Wie das Blut des Passalammes damals in Ägypten den Tod abgewendet hatte, so bewahrt auch Christi Blut vor dem Tod. Wie damals das ganze Volk, einschließlich der Säuglinge, an der Wende von ägyptischer Sklaverei zur Wüstenwanderung durch das Schilfmeer gezogen war und dort "alle in Mose getauft" worden sind "in der Wolke und in dem Meer" (1. Kor. 10,2), so sind auch wir in Christus hineingetauft worden. Wie Israel damals in der Wüste mit Entbehrungen und mit Versuchungen gelebt hatte, so ist auch unser Leben in der Jesusnachfolge nicht frei von Entbehrungen, Verfolgungen und Versuchungen. Aber in diesem allen werden wir getragen von der freudigen Hoffnung auf das zukünftige himmlische Kanaan.

Wie Israel zur Zeit der Wüstenwanderung auch in Kriege verwickelt worden war, so muß das Gottesvolk auch heute das "Schwert des Geistes" führen. Es hat nicht gegen "Fleisch und Blut" anzukämpfen, sondern gegen "die Geister des Bösen unter dem Himmel" (Eph. 6,12). In dem geistlichen Krieg haben die Besetzung von Begriffen die Bedeutung wie die Eroberung von Festungen. Solch eine geistige Festung ist zum Beispiel der Begriff "Jude" oder "Israel". Nach der Schrift ist nur derjenige ein

Israelit, der - um im Gleichnis zu reden - am Ölbaum dran ist. Als die Epheser ohne Christus waren, waren sie "ausgeschlossen vom Bürgerrecht Israels" (Eph. 2,12). Der Christusglaube eines Abraham macht einen Juden zum Juden, und nicht die rassische Herkunft von diesem Erzvater.

Seitdem es im Nahen Osten einen Staat gibt, der sich "Israel" nennt, wird der Blick der Gläubigen verstärkt abgewendet von dem Heil von Golgatha hin zu einer vermeintlichen "Heilsgeschichte", bei der der Staat "Israel" eine Rolle spielen werde. Viele Gläubige argumentieren mit den Erfolgen, die dieser Staat bisher gehabt hat. Dies erinnert an folgende Argumentation aus einer vergangenen Zeit: "Hitler muß ein frommer Mann sein, daß Gott ihm alles gelingen läßt".

Doch was ist, wenn die politischen und militärischen Erfolge des Staates Israel eines Tages in Mißerfolge umschlagen sollten? Was ist, wenn Jesus auch von den Steinen der Klagemauer gesprochen haben sollte?, als er sagte: "Wahrlich, ich sage euch: Es wird hier nicht ein Stein auf dem anderen bleiben, der nicht zerbrochen werde" (Matth. 24,2).

Wie sehr sich manche Gläubige von biblischen Wertmaßstäben entfernt haben, wird auch daran erkennbar, daß sie jeden als Antisemiten beschimpfen, der auf Sünden im heutigen Staat "Israel" hinweist. Damit sind diese angeblichen "Freunde Israels" vergleichbar mit den falschen Propheten, die Israel nur Gutes "weissagten". Die richtigen Propheten aber, die auch über Sünde und deren Folgen sprachen, wurden getötet. In diese Tradition (Luk. 13,33f; Matth. 23,29-32) paßt es, daß auch Christus getötet wurde, der z. B. lehrte: "Weh euch, Schriftgelehrte und Pharisäer, Heuchler, die ihr das Reich der Himmel zuschließt vor den Menschen! Ihr geht nicht hinein, noch laßt ihr die Hineingehenden eingehen" (Matth. 23,13).

Der Apostel Paulus war ebenfalls kein Antisemit, sondern von leidenschaftlicher Liebe zu seinem Volk beseelt (Röm. 9,1-3). Trotzdem schreibt der gleiche Apostel: "die (die Juden) sowohl den Herrn Jesus als auch die Propheten getötet und uns verfolgt haben und Gott nicht gefallen und allen Menschen entgegen sind, indem sie uns wehren, zu den Nationen zu reden, auf daß sie errettet werden, damit sie ihre Sünden allezeit vollmachen; aber der Zorn ist völlig über sie gekommen" (1. Thess. 2,15f).

Daß die ersten Christen die Feinde Jesu nicht als Juden, sondern als Heiden betrachteten, erkennen wir daran, wie sie das Alte Testament zitieren. Nachdem den Aposteln von den Obersten und Ältesten und Schriftgelehrten in Jerusalem verboten worden war, im Namen Jesu zu lehren, und nachdem sie zu den Ihren gekommen waren und dies berichtet hatten, da zitierten die Hörer unter anderem Ps. 2,1: "Warum toben die Heiden, und die Völker bemühen sich vergeblich?" (Apg. 4,25). Jesu Feinde unter den Juden werden somit als "Heiden" bezeichnet und nicht etwa, wie es heute häufig geschieht, als "Gottes Augapfel". Und den Heiden und Gottlosen wird in vielen Bibelstellen große Bosheit (Ps. 10; Spr. 12,5f; 21,10; 28,12) und Verlogenheit (Ps. 119,118) zugeschrieben. Werden Jesu Feinde unter den Juden als Heiden bezeichnet, so treffen derartige Charakteristiken auch auf sie zu. Dadurch läßt sich viel Bosheit, die vom jüdischen Teil der Bevölkerung ausgeht, erklären.

Aber im Unterschied zu den Feinden Jesu waren Christus und die Apostel echte Juden. Als Jude ging der Apostel Paulus in die Synagogen. Auch Jesus selbst ging "nach seiner Gewohnheit" in die Synagoge (Luk. 4,16). Dort wurden Mose und die Propheten gelesen. Und in diesen Schriften ist von Christus geschrieben. Allerdings haben viele alttestamentliche Hinweise auf Christus noch nicht die Klarheit wie die Berichte der Evangelien. Selbst bei den deutlichsten Beschreibungen des Leidens und Sterbens Christi konnte der äthiopische Kämmerer fragen: "Von wem redet der Prophet das, von sich selber oder von jemand anderem?" (Apg. 8,34). Die Hinweise auf Christus im Gesetz des Mose werden als "Schatten von den zukünftigen Gütern" (Hebr. 10,1; Kol. 2,17) bezeichnet. Aber diese "Schatten" weisen auf Christus hin.

Wenn die Apostel in die Synagoge gingen und dort zu den anderen Synagogenbesuchern von dem inzwischen nach der Schrift geborenen, gestorbenen und auferstandenen Christus sprachen, so haben sie damit keinen neuen Glauben verkündigt. Sie haben lediglich den Christus, den wir überall im Alten Testament schattenhaft abgebildet finden, den anderen Synagogenbesuchern in aller Klarheit vor Augen gemalt.

Von diesem alttestamentlichen Christusglauben sind diejenige abgefallen, die die Kreuzigung Jesu veranlaßt hatten und deren Gesinnungsgenossen. Doch Jesus wurde nicht nur von den führenden Theologen in Jerusalem abgelehnt, sondern auch an anderen Orten im römischen Reich, zum Beispiel in Ephesus. Dort predigte Paulus frei und offen drei Monate lang. "Als aber etliche sich verhärteten und nicht glaubten und vor der Menge übel redeten von dem Wege, trennte er sich von ihnen und sonderte die Jünger ab, indem er sich täglich in der Schule des Tyrannus unterredete" (Apg. 19,9).

Von wem trennte sich der Apostel, von wem sonderte er die Jünger ab? Er trennte sich nicht von der jüdischen Gemeinde. Denn die jüdische Gemeinde lehrt über Christus: "die Strafe zu unserem Frieden (liegt) auf ihm und in seiner Wunde (ist) Heilung für uns" (Jes. 53,5). Der Apostel trennte die Jünger von denen, die diesen von den Propheten verkündigten jüdischen Glauben bekämpft hatten, er trennte die Gemeinde von denen, "die sagen, sie seien Juden und sind's nicht, sondern lügen" (Offenb. 3,9).

Daß das jüdische Volk, daß das alttestamentliche Gottesvolk, dem die Patriarchen und Propheten angehörten, in der christlichen Gemeinde fortbesteht, das hat der Apostel Paulus durch das Bild vom Ölbaum gezeigt. Der Apostel schreibt nicht, daß ein zweiter Ölbaum gepflanzt worden wäre. Sondern die Glieder seiner Gemeinde sind entweder natürliche oder eingepfropfte Zweige an dem **einen** Ölbaum, sie sind Glieder des **einen** (1. Kor. 12,12f.27) Leibes Christi, sie sind Glieder des **einen** Gottesvolkes.[20] In Ephesus hatte der Apostel die Gemeinde

---

[20] Die Frage, ob es nur ein Gottesvolk oder ob es aber zwei Gottesvölker gibt, wirkt sich auf die Auslegung von Offenb. 4,4 aus. Dort ist von 24 Ältesten die Rede. Viele Ausleger betrachten die 24 Ältesten als Bild für das alttestamentliche Gottesvolk (12 Stämme) und das neutestamentliche Gottesvolk (12

lediglich von einigen ausgebrochenen Zweigen getrennt. Durch diese Trennung hatte der Apostel keine Zweige ausgebrochen, sondern nur einen bereits vorgegebenen Sachverhalt festgestellt. Nach dieser Trennung redete der Apostel täglich "in der Schule des Tyrannus" (Apg. 19,9).

Die Gegner Jesu, die ausgebrochenen Zweige, haben sich am alten Ort versammelt. Sie haben auch den alten Namen, und zwar "Israel" oder "Juden", beansprucht. Aber bei der Gruppe, bei der der Apostel war, war die alte Lehre der Propheten, z. B. die Lehre des Propheten Jesaja, daß die Strafe zu unserem Frieden auf Jesus Christus liegt. Und weil dort die alte jüdische Lehre war, deshalb bestand die jüdische Gemeinde in der Gruppe fort, die sich mit dem Apostel in der Schule des Tyrannus versammelt hatte.

Das ist wichtig: Wenn es in der Christenheit zu Spaltungen kommt, dann besteht die Gemeinde (griechisch und lateinisch: ekklesia) Jesu dort fort, wo die Verkündigung Jesu, der Propheten und der Apostel fortbesteht, und zwar unabhängig davon, welche Gruppe die Kirchengebäude und die Kirchenbücher hat und den alten Namen beansprucht.

In der lateinischen Urfassung des Apostolischen Glaubensbekenntnis heißt es: Ich glaube an den Heiligen Geist, eine heilige "katholische" Gemeinde, die Gemeinde der Heiligen ... "Katholisch" heißt: allgemein, allumfassend. Und wir glauben, daß es nur **eine** christliche Gemeinde, nur **einen** Leib Christi gibt. Und die Gemeinde ist dort, wo die Schafe sind, die ihres Hirten Stimme hören. Und die Stimme des Guten Hirten ist z. B.: "Einer ist euer Meister" (Matth. 23,8), womit Christus sich selbst meint. Doch der Papst in Rom behauptet, er sei in Glaubensfragen unfehlbar, und setzt sich auf diese Weise an die Stelle Christi.

Apostel).. Man kann die 24 Ältesten von Offenb. 4,4 aber auch im Zusammenhang sehen mit den 24 Abteilungen der Priester beim Tempeldienst (1. Chron. 24).

Dadurch, daß die Päpste und deren Anhänger im Laufe der Jahrhunderte allmählich den Glauben verfälscht haben, sind sie von der katholischen Lehre abgewichen. Sie sind somit Menschen, die sagen, sie seien Katholiken, und sind's nicht, sondern lügen. Denn der ist in Wirklichkeit ein Katholik, der die Lehre Jesu und der Apostel hat.

Und wesentliche Teile der Lehre Jesu sind in der Reformation wieder ans Licht gebracht worden. Doch auch nach der Reformation war man vom Gotteswort abgewichen.

Die Christen in der Urgemeinde waren beständig in der Apostel Lehre (Apg. 2,42). Die Apostel haben gelehrt, daß Jesus der Sohn Gottes ist. Heute wird in "lutherischen" Kirchen gelehrt, daß Jesus mehr und mehr verehrt wurde und auf diese Weise von den ersten Christen zum Sohn Gottes emporgejubelt worden sei. Die Apostel haben gelehrt, daß Jesu Tod für unsere Sünden geschehen ist. In "lutherischen" Kirchen wird gelehrt, daß Jesus gekreuzigt wurde. Daß dieser Tod für unsere Sünden geschehen ist, sei lediglich eine Deutung durch die ersten Christen. Die Apostel haben gelehrt, daß Christus auferstanden ist. In "lutherischen" Kirchen wird gelehrt, daß das Grab leer war. Wo Jesu Leib geblieben ist, wüßten wir nicht. Die Frauen und die Jünger hätten das leere Grab durch die Auferstehung erklärt. Nicht die Auferstehung Jesu sei eine historische Tatsache, sondern lediglich der Auferstehungsglaube der Jünger. In "lutherischen" Kirchen wird gelehrt, daß die Frage, ob vor 2000 Jahren Jesus lebend das Grab verlassen hat, nicht entscheidend sei für unseren Glauben an den Auferstandenen. Doch die Apostel lehren: "Ist aber Christus nicht auferstanden, so ist unsere Verkündigung vergeblich, so ist auch euer Glaube vergeblich" (1. Kor. 15,14).

In "lutherischen" Kirchen werden Bestandteile der biblischen Botschaft verkündigt, und dadurch finden Menschen zu Jesus Christus. In "lutherischen" Kirchen werden aber auch die soeben aufgezählten Teufelslehren verbreitet. In "lutherischen" Kirchen wird beides gelehrt, das Teufelswort und das Gotteswort. Allerdings wird häufig nicht das ganze Gotteswort geduldet. Jesus hat Theologen seiner Zeit als "Schlangen" und "Otternbrut" bezeichnet (Matth. 23,33). Würde heute zum Beispiel ein landeskirchlicher Pfarrer theologische Lehrer oder Glieder seiner Kirchenleitung so bezeichnen, er wäre die längste Zeit Pfarrer gewesen.

Das Gotteswort wird in den meisten "lutherischen" Kirchen nur dann geduldet, wenn es verstümmelt wird, wenn der Absolutheitsanspruch verwässert wird, wenn die Warnungen vor der teuflischen Irrlehre, die zum Gotteswort gehören, nicht oder zumindest fast nicht weitergegeben werden. Ein landeskirchlicher Pfarrer darf nicht predigen: "Sehet auf die Hunde, sehet auf die böswilligen Arbeiter, sehet auf die Zerschneidung!" (Phil. 3,2). Doch zur Apostellehre gehören auch die Warnungen vor dem Teufelswort: "Wenn auch wir oder ein Engel vom Himmel würde euch als Evangelium verkündigen entgegen dem, was wir euch verkündigt haben, verflucht sei er. Wie wir euch zuvor gesagt haben, so sage ich auch jetzt wiederum: Wenn jemand euch Evangelium verkündigt entgegen dem, was ihr empfangen habt, er sei verflucht. Gefalle ich nun den Menschen oder Gott? Oder suche ich Menschen zu gefallen? Wenn ich noch Menschen gefallen hätte, wäre ich Christi Knecht nicht" (Gal. 1,8-10).

Am Ende des 20. Jahrhunderts strömten Lutheraner aus der ehemaligen Sowjetunion in das Land ihrer Vorfahren. Selbstverständlich schlossen sie sich der "lutherischen" Kirche an. Dann wunderten sie sich, daß sie nur wenig geistliche Nahrung empfingen. "Wir können uns doch nicht von der Kirche trennen" - war immer wieder zu hören. Richtig - wir dürfen uns nicht von der Gemeinde trennen. Doch, wer oder was ist die Gemeinde? Wir dürfen die Gemeinde Jesu nicht verwechseln mit irgendwelchen Institutionen, die sich "Kirche" oder gar "lutherische Kirche" nennen. Die Gemeinde ist doch der Leib Christi. Und der Leib Christi ist nicht das Gleiche wie eine Körperschaft des öffentlichen Rechts oder wie ein Verein, die in ihrem Namen das Wort "Kirche" führen.

Schon die Apostel haben unterschieden zwischen dem "Israel Gottes" (Gal. 6,16) und denen, "die sagen, sie seien Juden, und sind's nicht, sondern lügen" (Offenb. 3,9). So müssen auch wir unterscheiden zwischen irgendwelchen Organisationen, die sich als "Kirche" bezeichnen, und dem Leib Christi. Und um an Christus zu bleiben, kann es notwendig sein, sich von den Verfälschern der Lehre Christi zu trennen: "Ich ermahne euch aber, Brüder, zu achten auf die, welche Zwiespalte und Ärgernisse anrichten, entgegen der Lehre, die ihr gelernt habt, und weichet von ihnen ab" (Röm. 16,17).

Offenbarung 20

Immer wieder wird auf Offenb. 20 hingewiesen, um die Hoffnung auf eine noch zukünftige Friedensära biblisch zu begründen. Dabei wird auch folgendermaßen argumentiert: Kapitel 20 befindet sich ziemlich am Ende der Offenbarung. Folglich könne das darin beschriebene Friedensreich nicht schon seit der Zeit Jesu bestehen. Erst müßten die in den vorherigen Kapiteln beschriebenen Geschehnisse stattgefunden haben.

Dieses Argument setzt ein Verständnis voraus, daß die Offenbarung ein Geschichtsbuch sei, das die Welt- und Kirchengeschichte im voraus beschreibe. Von daher ist es zu verstehen, daß im Pietismus zur Zeit Speners (1635-1705) und Franckes (1663-1727) der Niedergang der Großkirchen mit Sehnsucht erwartet wurde. Denn vor Offenb. 20 steht Offenb. 17 und 18. Das bedeute, bevor das Tausendjährige Friedensreich anbricht, müsse erst die Hure Babel, wofür man die Großkirchen hielt, zusammenbrechen.[21]

Die Offenb. als Fahrplan durch die zukünftige Geschichte zu betrachten, ist nicht das Ergebnis einer Untersuchung des Textes. Vielmehr ist es so, daß Menschen in ihrer Hoffnungslosigkeit die Offenbarung lesen und meinen, darin die Erfüllung

---

[21] Hans-Martin Rotermund, Orthodoxie und Pietismus. Valentin Ernst Löschers "Timotheus verinus" in der Auseinandersetzung mit der Schule August Hermann Franckes, Berlin (Ost) 1959, S. 75-78.

ihrer Sehnsüchte nach besseren Zeiten auf dieser Welt vorhergesagt zu finden.

Das große Elend in der Christenheit ist, daß zwar über verschiedene Glaubenslehren zum Teil heftig gestritten wird, daß
aber die unterschiedlichen Methoden der Erkenntnisgewinnung,
die die unterschiedlichen Glaubenslehren hervorbringen, kaum
durchdacht werden. Es geht dabei um den Unterschied von deduktiver und induktiver Bibelauslegung. Deduktiv bedeutet, bei
der Auslegung die einzelne Schriftaussage aus der eigenen Glau-
bensüberzeugung zu schlußfolgern. Was ist an dieser Methode
falsch, wenn die eigene Ansicht biblisch ist? Doch daß sie biblisch ist, kann bestenfalls das Ergebnis einer Untersuchung sein,
nicht aber deren Voraussetzung.

Wenn dieser Sachverhalt nicht klar ist, dann dreht man sich
bei der Wahrheitsfindung im Kreise. Die Glaubensansicht zeigt,
wie die einzelne Bibelstelle auszulegen sei, und die Auslegung
der einzelnen Bibelstelle stützt die Glaubensansicht. Diese wiederum zeigt, wie die einzelne Bibelstelle auszulegen sei, u. s. w.

Diesen deduktiven Umgang mit der Bibel kann man theo-
retisch nicht rechtfertigen. Er kann nur deshalb fortbestehen, weil
viele Gläubige über die Methode der Erkenntnisgewinnung
überhaupt nicht nachdenken. Sie haben einen Glauben, den sie
für biblisch halten, und lesen durch die Brille ihrer angeblich
nicht vorhandenen Theologie die Bibel, ohne zu merken, wie sie
die Schriftworte nach einem vorgegebenen Verständnis zurechtbiegen.

Um das zu vermeiden, müssen wir darauf achten, streng
induktiv zu arbeiten. Das heißt: Wir müssen es vermeiden, einem
Lehrgebäude Aussagen zu entnehmen und diese in einen Bibel-
text hineinzulesen. Wie ein Detektiv genau beobachtet und so
Tatsachen findet, so muß auch bei uns das genaue Beobachten
am Text der erste Arbeitsschritt sein. Interpretation, Anwendung
auf unser Leben und Ergebnisse für die Verkündigung sind erst
spätere Arbeitsschritte.

Doch der erste Schritt muß sein festzustellen, was im Text
geschrieben steht. Wie ein Detektiv Verborgenes ans Licht bringt,

so müssen auch wir uns bemühen, wichtige verborgene Details bewußtzumachen und aus ihnen die richtigen Schlußfolgerungen zu ziehen.

Die Offenbarung wird mißbraucht, um wie in einer Kristallkugel zukünftige Ereignisse vorherzusehen. Wenn wir in 2. Tim. 3,16 lesen, wozu alle Schrift von Gott eingegeben ist, dann finden wir, daß die Heilige Schrift zur Lehre, zur Aufdeckung der Schuld, zur Besserung und zur Erziehung in der Gerechtigkeit gegeben ist. Es fehlt aber die Aussage, daß die Schrift auch dazu gegeben sei, um Landkarten der zukünftigen Geschichte zu zeichnen.

Wenn wir die Offenbarung betrachten, dann stellen wir fest, daß sie als Brief beginnt (1,4) und als Brief endet (22,21). Sie ist ein Brief, der sieben Briefe enthält. Dadurch ist sie mit anderen Briefen des Neuen Testaments vergleichbar. Sie tröstet die ersten Christen, die von ihrer Umwelt bedrängt werden, indem sie den Vorhang hebt und Einblick in eine unsichtbare, aber keineswegs weniger reale Wirklichkeit gibt. Daher ist sie mit einem Ereignis zur Zeit des Propheten Elisa vergleichbar. Als der Diener des Propheten in einer bestimmten Krisensituation am frühen Morgen aufstand, erblickte er erschreckt ein feindliches Heer, das mit Rossen und Wagen die Stadt eingekreist hatte. Doch Elisa betete zu Gott, daß er dem Diener die Augen öffnet. Und dann sah der Diener eine andere Wirklichkeit. Er sah, daß der Berg um Elisa her voller feuriger Rosse und Wagen war (2. Kön. 6,15-17).

Die Offenbarung des Johannes beginnt mit folgenden Worten: "Apokalypse Jesu Christi, die ihm Gott gab, seinen Knechten zu zeigen, was in Kürze geschehen muß ..." Der Genitiv in "Apokalypse Jesu Christi" hat im Griechischen auch eine Funktion, die er im Deutschen nicht hat. Man kann daher übersetzen: "Apokalypse, deren Inhalt Jesus Christus ist ...".

Das griechische Wort Apokalypse hat zwei Bestandteile, und zwar apo und kalymma. Apo heißt: weg. Das Wort kalymma finden wir in 2. Kor. 3,13f, wo wir lesen, daß das Antlitz des Mose mit einer Decke verhüllt wurde, und daß bis zum heutigen

Tag beim Lesen des Alten Testaments diese Decke unaufgedeckt bleibt. Denn in Christus ist sie hinwegzutun.

Vor der bedrängten Gemeinde, die im römischen Weltreich lebt, wird gleichsam eine Decke - ein Vorhang - entfernt, und sie kann den auferstandenen und gen Himmel gefahrenen Jesus Christus in aller seiner Herrlichkeit erblicken. Dieser Gemeinde, die in Trübsal lebt (Offenb. 1,9), zeigt die Apokalypse, was **in Kürze** geschehen muß. In aller gegenwärtigen und zukünftigen Verfolgung und Drangsal ist das der Trost und freudige Ausblick, daß der Auferstandene, den sie jetzt in aller seiner Herrlichkeit sehen darf, das ganze Weltgeschehen unter Kontrolle hat.

Die Vorgänge, die die Offenbarung beschreibt, betrafen die ersten Adressaten. Darauf deuten auch folgende Worte hin: "Versiegle nicht die Worte der Prophetie dieses Buches. Die Zeit ist nahe" (Offenb. 22,10). Das ist eine deutliche Anspielung auf Dan. 8, 26 und besonders auf Dan. 12,4, wo es heißt: "Und du, Daniel, verschließe die Worte und versiegle das Buch bis zur Zeit des Endes". Wenn der Engel dem Johannes sagt: "versiegle nicht", dann benutzt er die gleiche Vokabel wie die griechische Übersetzung von Dan. 12,4.

Zwar ist die Offenbarung ein prophetisches Buch, das heißt: Sie enthält Prophetien. In deutschen Übersetzungen steht "Weissagung" (Offenb. 1,3; 10,11; 19,10; 22,6f.10.18.19). Doch Prophetie (deutsch: an Stelle [Gottes] sagen) ist in erster Linie eine Gottesbotschaft für die Gegenwart, wenn häufig auch mit Blick auf zukünftige Ereignisse. So sprechen Propheten von zukünftigen Strafgerichten Gottes und rufen zur Buße, oder sie predigen im Blick auf den leidenden und sterbenden Gottesknecht von der Vergebung. Jedenfalls wollen sie mit der Zukunftspredigt in ihrer Gegenwart etwas verändern. Daß Inhalt der Prophetie in erster Linie Erbauung in der Gegenwart ist, zeigt 1. Kor. 14,4, wo es heißt: "Wer in Zungen redet, erbaut sich, wer aber prophezeit, erbaut die Gemeinde".

Die bedrängte Gemeinde darf einen Blick hinter den Vorhang in die unsichtbare aber keineswegs minder reale Wirklichkeit werfen und sieht Christus in aller seiner Macht und Herrlichkeit. Dies ist nicht mit Worten zu beschreiben. Bilder können manches zeigen, was Worte nicht ausdrücken können. So sieht Johannes viele Bilder. Wer davon ausgeht, daß sie der Reihe nach die zukünftige Welt- und Kirchengeschichte zeigen, der liest etwas in die Bilder hinein. Es kann nämlich auch sein, daß es ein und dieselbe geistliche Wirklichkeit ist, die durch unterschiedliche Bilder beschrieben wird. Es kann sein, daß verschiedene Bilder dieselbe Wirklichkeit nur aus einem anderen Blickwinkel heraus in unterschiedlicher Perspektive beschreiben.

Eines dieser Bilder ist Offenb. 20,1-10: "Und ich sah einen Engel aus dem Himmel herniederkommen, welcher die Schlüssel des Abgrundes und eine große Kette in seiner Hand hatte. Und er griff den Drachen, die alte Schlange, welche der Teufel und Satan ist; und band ihn tausend Jahre, und warf ihn in den Abgrund und schloß zu und versiegelte über ihm, auf daß er nicht mehr die Nationen verführe, bis die tausend Jahre vollendet wären. Nach diesem muß er eine kleine Zeit gelöst werden.

Und ich sah Throne, und sie saßen darauf, und es wurde ihnen gegeben, Gericht zu halten; und die Seelen derer, welche um des Zeugnisses Jesu und um des Wortes Gottes willen enthauptet waren, und die, welche das Tier nicht angebetet hatten, noch sein Bild, und das Malzeichen nicht angenommen hatten an ihre Stirn und an ihre Hand, und sie lebten und herrschten mit Christus tausend Jahre. Die übrigen Toten wurden nicht lebendig, bis die tausend Jahre vollendet waren. Dies ist die erste Auferstehung! Selig und heilig, wer teilhat an der ersten Auferstehung. Über diese hat der zweite Tod keine Gewalt, sondern sie werden Priester Gottes und des Christus sein und mit ihm herrschen tausend Jahre.

Und wenn die tausend Jahre vollendet sind, wird der Satan aus seinem Gefängnis losgelassen werden, und wird ausgehen, die Nationen zu verführen, die an den vier Ecken der Erde sind, den Gog und den Magog, sie zum Kriege zu versammeln, deren Zahl wie der Sand des Meeres ist. Und sie zogen herauf auf die Breite der Erde und umzingelten das Heerlager der Heiligen und die geliebte Stadt; und Feuer kam hernieder aus dem Himmel und verschlang sie. Und der Teufel, der sie verführte, wurde in den Feuer- und Schwefelsee geworfen, wo das Tier ist als auch der falsche Prophet; und sie werden Tag und Nacht gepeinigt werden von Ewigkeit zu Ewigkeit".

Offenb. 20 beginnt mit den Worten: "Und ich sah". Es steht nicht: Dies und jenes wird in Zukunft geschehen. Sondern Johannes sieht ein Bild. Der Rest der Bibel muß dieses Bild deuten. Wir müssen uns bemühen, Offenb. 20 in einer Weise zu verstehen, die dem Rest der Schrift nicht widerspricht. Johannes sah, er sah einen Engel, der einen Schlüssel und eine große Kette in seiner Hand hatte. Daß die Kette nicht aus Metall besteht, sondern daß es sich um ein Bild für geistliches Gebundensein handelt, dürfte kaum umstritten sein. Doch die Frage ist: Worauf bezieht sich dieses Bild? Wurde der Teufel bereits gebunden, oder wird er erst in der Zukunft gebunden werden?

Vielen erscheint der Gedanke absurd, daß der Teufel bereits gebunden sein könnte, da in 1. Petr. 5,8 steht: "Seid nüchtern und wachet, denn euer Widersacher, der Teufel, geht umher wie ein brüllender Löwe und sucht, welchen er verschlinge". Doch wenn wir als Bibel-Detektiv dieses Schriftwort genau betrachten, dann finden wir, daß es nicht besagt, daß der Teufel jemanden verschlingt. Es besagt lediglich, daß er danach trachtet, jemanden zu verschlingen. Und das ist ein großer Unterschied.

Die Löwen im Zoo trachten auch danach, die Zoobesucher aufzufressen, doch sie können nicht. Wen sollte der Teufel denn auch verschlingen? Die Weltmenschen sind doch ohnehin in seinem Magen. Und von den Gotteskindern sagt Christus: "und niemand wird sie aus meiner Hand reißen" (Joh. 10,28). Und in Röm. 8,38f lesen wir, daß niemand und nichts uns scheiden kann von der Liebe Gottes, die in Christus Jesus ist. Bei seiner Himmelfahrt tröstet Jesus die Jünger: "Mir ist gegeben alle Vollmacht im Himmel und auf Erden" (Matth. 28,18). Achten wir auf das Subjekt: Christus, und nicht dem Teufel, ist alle Vollmacht gegeben. Und schon vorher hatte Christus die Niederlage des Teufels angekündigt, wenn er sagt: "Jetzt geht das Gericht über die Welt, nun wird der Fürst dieser Welt ausgestoßen werden" (Joh. 12,31).

Was ist das anderes, als daß der Teufel gebunden wird? Doch weil die Menschen nur sehen können, daß der Teufel umhergeht wie ein brüllender Löwe, weil das Gebundensein des Teufels eine unsichtbare geistliche Wirklichkeit ist, deshalb verheißt Jesus den Heiligen Geist, der die Augen auftun wird unter anderem auch "über das Gericht, daß der Fürst dieser Welt gerichtet ist" (Joh. 16,8-11).

Unser Denken ist in den drei Dimensionen von Länge, Breite und Höhe sowie der eindimensionalen Zeit befangen. Wo ein Körper ist, kann nicht zugleich ein anderer Körper sein - so denken wir. Doch der gesamte Bereich Gottes ist nicht diesen Beschränkungen unterworfen. Christus ist gleichzeitig bei allen Gläubigen auf der großen weiten Welt. Jesu Reich und die "Macht der Finsternis" (Formulierung aus Kol. 1,13f) sind nicht zwei Größen, die sich gemäß unseres Denkens entweder räumlich oder zeitlich voneinander unterschieden. Entweder räumlich, daß in einem Teil der Welt Jesu Reich, in einem anderen die "Macht der Finsternis" wäre, oder zeitlich, daß das eine zeitlich nach dem anderen käme. Sondern Jesu Reich ist auf der ganzen Welt, und die "Macht der Finsternis" existiert ebenfalls auf der ganzen Welt, und zwar zur gleichen Zeit wie das Reich Jesu.

Wenn uns das nicht klar ist, dann sehen wir, daß der Teufel umhergeht wie ein brüllender Löwe, und erkennen darin die "Macht der Finsternis". Und wir schlußfolgern, daß an dem Ort, wo die "Macht der Finsternis" ist, nicht gleichzeitig das Reich Jesu sein könne. Doch so ist es nicht. Wie an ein und demselben Ort sowohl ein Gegenstand als auch Wärme sein können, so können Jesu Königreich und die "Macht der Finsternis" an ein und demselben Ort bestehen.

Jesu Reich ist dort, wo die Bürger von Jesu Reich sind. Als Jesus und seine Ankläger bei Pilatus versammelt waren, da war dort die "Macht der Finsternis". Aber in dem König der Wahrheit war dort auch das Königreich Jesu. In einem sowjetischen Straflager ist die "Macht der Finsternis". Aber auch dort gibt es das helle Licht des Evangeliums, auch dort gibt es Bürger von Jesu Königreich. Somit besteht auch dort das Königreich Jesu.

Beides besteht zur gleichen Zeit am selben Ort. Deshalb ist keine Ortsveränderung nötig, wenn Gott Menschen von der Macht des Satans errettet und in sein Reich versetzt. Daß Gott dies getan hat und tut, bezeugen folgende Bibelstellen: "... der (der Vater) uns herausgerissen hat aus der Macht der Finsternis und versetzt in das Königreich des Sohnes seiner Liebe" (Kol. 1,13). Dem Apostel Paulus sagt Christus bei dessen Bekehrung: "Dazu bin ich dir erschienen, dich zu einem Diener und Zeugen zu verordnen, sowohl dessen, was du gesehen hast, als auch worin ich dir erscheinen werde, indem ich dich herausnehme aus dem Volke und den Nationen, zu welchen ich dich sende, ihre Augen aufzutun, auf daß sie sich bekehren von der Finsternis zum Licht und von der Gewalt des Satans zu Gott ..." (Apg. 26,16-18).

Wenn Gott herausgerissen hat aus der Macht der Finsternis, wie wir in Kol. 1 lesen, oder wenn Menschen bekehrt werden von der Gewalt des Satans zu Gott, was ist das anderes als das, daß der Satan gebunden ist, wie in Offenb. 20 geschrieben steht!

In 2. Tim. 1,10 steht ebenfalls, daß Jesus dem Tode die Macht genommen hat. Und in Hebr. 2,14 lesen wir, daß Jesus Fleisch und Blut angenommen hat, "auf daß er durch den Tod die Macht nehme dem, der des Todes Gewalt hatte, das ist dem Teufel". Die Schrift bezeugt somit an vielen Stellen, daß der Teufel durch Jesu Erlösungswerk besiegt, daß er gebunden ist. Trotzdem geht er umher wie ein brüllender Löwe. Aber er geht als besiegter Gegner umher. Jesus, und nicht dem Teufel, ist alle Macht gegeben. "Widerstehet dem Teufel, und er wird von euch fliehen" (Jak. 4,7).

Die Löwen im Zoo können die Zoobesucher nicht auffressen, sind sie doch ebenso gefangen wie der Teufel in Offenb. 20. Aber wenn jemand in ihr Gehege steigt, dann können sie ihren Appetit befriedigen. Das gleiche gilt, wenn jemand in die Reichweite der Kette, mit der der Teufel in Offenb. 20 gebunden ist, kommt. Da der Teufel gebunden ist, versucht er, der der Vater der Lüge ist (Joh. 8,44), seine potentiellen Opfer zu sich zu locken. Deshalb warnt Christus vor Verführung (Matth. 24,4), deshalb warnen auch die Apostel vor Verführung (2. Kor. 11,3-15; Gal. 1,6-9; Röm 16,17).

Aber, so wird eingewendet, in Offenb. 20,3 heißt es, "daß er nicht mehr verführen sollte die **Völker**". Von den **Völkern** sei die Rede, nicht von der Gemeinde. Hier sei noch einmal daran erinnert, daß Offenb. 20 ein Bild ist - "Und ich sah". Zur Zeit des Alten Testaments war die Gemeinde Gottes, von Ausnahmen abgesehen, auf ein Volk beschränkt. Doch von Anfang an war das Heil aller Menschen das Ziel Gottes. "In dir werden gesegnet werden alle Geschlechter der Erde", sagt Gott dem Abraham (1. Mose 12,3). Und in Jes. 56,3 lesen wir: "Und der Sohn der Fremde, der sich dem HERRN angeschlossen hat, spreche nicht und sage: Der HERR wird mich sicherlich von seinem Volk ausschließen". In Jes. 49,6 heißt es: "Es ist zu wenig, daß du mein Knecht bist, die Stämme Jakobs aufzurichten und die Zerstreuten Israels wiederzubringen, sondern ich habe dich auch zum Licht der Heiden gemacht, daß du seist mein Heil bis an die Enden der Erde". Von dem Licht der Heiden spricht auch der greise Simeon, als man das Jesuskind in den Tempel brachte: "... ein Licht zur Offenbarung der Nationen und zur Herrlichkeit deines Volkes Israel" (Luk. 2,32). Wenn der Teufel im Tausendjährigen Friedensreich nicht mehr die Völker (griechisch: ethne) verführen kann, so bedeutet dies, daß Jesus den Sieg über den Teufel nicht nur für eine Nation, sondern für alle Nationen errungen hat.

Johannes sah, daß der Engel den Teufel für tausend Jahre gebunden hat. Diese tausend Jahre sind vergleichbar mit den Zentimetern, die wir einer Landkarte als Entfernung verschiedener Städte voneinander entnehmen. Nur dann können wir die cm in km umrechnen, wenn uns der Maßstab bekannt ist. Weil uns aber der Maßstab für die tausend Jahre fehlt, deshalb können wir nicht den Zeitpunkt des Jüngsten Tages errechnen. Die tausend Jahre müssen wir vielmehr als symbolische Zahl verstehen. Zehn ist die Zahl der quantitativen Fülle. Tausend ist 10 x 10 x 10, also ein sehr langer Zeitraum.

"Nach diesem muß er (der Teufel) gelöst werden eine kleine Zeit" (V. 3). Daß der Teufel wieder los wird, ändert nichts daran, daß er ein besiegter Gegner ist. Denn er befreit sich nicht selbst, sondern - im Griechischen steht der Passiv - er wird gelöst werden. Diese Aussage paßt zu den sonstigen Aussagen des Neuen Testamentes über die Schrecken der Endzeit.

Dann heißt es nochmals: "Und ich sah" (V. 4), und das Weltgericht ist kurz erwähnt. Es sei noch einmal darauf hingewiesen, daß etwas in die Offenbarung von außen hineingetragen wird, wenn man die zeitliche Reihenfolge der einzelnen Bilder voraussetzt. Dann ist von denen die Rede, die mit Christus tausend Jahre regieren. Das sind erstens die Seelen derer, die wegen des Zeugnisses Jesu und des Wortes Gottes enthauptet wurden. Dann lesen wir von weiteren Personen, die mit Christus regieren. Diese sind nicht mehr im Genitiv genannt. Das heißt, es ist nicht gesagt, daß die Seelen der anderen Personengruppe mit Christus regieren, sondern neben den Seelen der enthaupteten Märtyrer wurden diejenigen lebendig und regierten diejenigen mit Christus, die weder das Tier noch sein Bild angebetet hatten und die nicht das Malzeichen des Tieres an ihrer Stirn und ihrer Hand angenommen hatten.

Es sei nebenbei noch darauf hingewiesen, daß alle Verben in Offenb. 20,4 im Aorist stehen. Das heißt, es handelt sich um einen Vorgang der Vergangenheit, der sich bis in die Gegenwart hinein auswirkt. Diese grammatische Form finden wir in folgenden Bibelstellen: "Und die Frau war gerettet von jenem Augenblick an" (Matth. 9,22b), "und ihre Tochter wurde geheilt von jenem Augenblick an" (Matth. 15,28b), "und das Kind wurde geheilt von jenem Augenblick an" (Matth. 17,18b).

Nun, so könnte man denken, wenn diejenigen, die das Tier nicht angebetet hatten, lebendig wurden, dann müssen sie doch schon verstorben sein. Folglich könne es sich dann doch nur um deren Seelen handeln wie bei den enthaupteten Märtyrern. Doch an mehreren Stellen der Bibel lesen wir, daß, wenn jemand gläubig wird, er gleichsam vom Tod zum Leben durchdringt. Der Gläubige durchlebt gleichsam zwei Auferstehungen: die erste Auferstehung, wenn er gläubig wird, und die zweite Auferstehung nach seinem leiblichen Tod.

Daß die Umkehr zu Gott eine Auferstehung von den Toten ist, zeigt Jesu Bild von den verlorenen Söhnen. Als der jüngere Sohn zurückkehrte, sprach der Vater: "Dieser mein Sohn war tot und ist wieder lebendig geworden, war verloren und ist gefunden worden" (Luk. 15,24). Mit Tod und Auferstehung wird auch die christliche Taufe verglichen: "So sind wir mit ihm begraben durch die Taufe in den Tod, auf daß, gleichwie Christus ist auferweckt von den Toten durch die Herrlichkeit des Vaters, also sollen auch wir in einem neuen Leben wandeln" (Röm. 6,4; Parallelstelle Kol. 2,12).

Daß „Tod" geistlicher Tod bedeuten kann, zeigt auch der biblische Bericht vom Sündenfall. „Denn welches Tages du davon issest, wirst du des Todes sterben" (1. Mose 2,17). Eva und Adam aßen von der verbotenen Frucht - und lebten weiter. Obwohl sie auch nach dem Sündenfall körperlich noch Jahrhunderte lebten, waren sie in Wirklichkeit tot. Von Menschen, die ebenso geistlich tot sind, wie es unsere Ureltern nach dem Sündenfall waren, sagt Jesus: „Wer mein Wort hört und glaubt dem, der mich gesandt hat, hat ewiges Leben und kommt nicht in das Gericht, sondern er ist vom Tode zum Leben hindurchgedrungen" (Joh. 5,24). Der Gläubige hat somit schon jetzt ewiges Leben. Was ist das anderes als die „erste Auferstehung", von der wir in Offenb. 20,6 lesen?! Daß der Gläubige jetzt schon ewiges Leben hat, wird im folgenden Bibelvers noch deutlicher: „Wahrlich, wahrlich, ich sage euch: Es kommt die Stunde **und ist schon jetzt**, daß die Toten werden die Stimme des Sohnes Gottes hören, und die sie gehört haben (Partizip Aorist), die werden leben" (Joh. 5,25). „Und ist schon jetzt" - also „jetzt", während Jesus auf Erden wandelte, wurden die Toten, die Jesu Stimme hörten, lebendig. Daß Jesus wirklich das Lebendigwerden der geistlich Toten meint, wird einige Verse später deutlich, wenn er vom Jüngsten Gericht spricht. Denn von der Stunde des Jüngsten Gerichtes sagt er nicht „und ist schon jetzt": „Denn es kommt die Stunde [hier **fehlt** der Zusatz: und ist schon jetzt], in welcher alle, die in den Gräbern sind, werden seine Stimme hören, und werden hervorgehen, die da Gutes getan haben, zur Auferstehung des Lebens, die aber Übles getan haben, zur Auferstehung des Gerichts" (Joh. 5,28f). Also, daß Tote lebendig werden, das ist schon „jetzt", während Jesus auf Erden wandelte. Aber die Gräber werden erst in Zukunft verlassen werden. Da das Johannesevangelium vom selben Apostel geschrieben worden ist wie die Offenbarung, deshalb liegt es nahe, die Offenbarung durch das Johannesevangelium auszulegen.

Aber auch der Apostel Paulus beschreibt das Gläubigwerden als Totenauferweckung: "Wenn ihr nun mit dem Christus auferweckt worden seid, so suchet was droben ist ..." (Kol. 3,1). Den Ephesern schreibt er: "Gott aber, der reich ist an Barmherzigkeit, wegen seiner vielen Liebe, womit er uns geliebt hat, als auch wir in den Vergehungen tot waren, hat uns mit dem Christus lebendig gemacht" (Eph. 2,4f). Dieses Lebendigmachen in Christus ist die erste Auferstehung, von der in Offenb. 20,5 geschrieben steht. Der folgende Vers 6 von Offenb. 20 ist eine Seligpreisung derer, die an dieser Auferstehung teilhaben: „Selig und heilig, wer teilhat an der ersten Auferstehung. Über diese hat der zweite Tod keine Gewalt."

Von denen, die das Tier nicht angebetet hatten, ist auch gesagt, daß sie mit Christus regierten (die grammatische Form des Aorist). Im griechischen Wort des Urtextes ist das Wort "König" enthalten. Das heißt, die Gläubigen üben mit Christus die Königsherrschaft aus. Ähnliches ist auch an anderer Stelle zumindest angedeutet. So lesen wir in Offenb. 1,6: "Und er hat uns zum Königtum gemacht, zu Priestern dem Gott und seinem Vater". Und in 1. Petr. 2,9 heißt es: "Ihr seid das auserwählte Geschlecht, das königliche Priestertum, das heilige Volk, das Volk des Eigentums ...". Diejenige, die an der ersten Auferstehung teilhaben, die als Gemeinde Jesu Leib sind, sind durch ihre Gebete an Jesu Königsherrschaft beteiligt.

Am Ende der tausend Jahre wird der Teufel wieder losgelassen, und es kommt eine schreckliche Zeit, über die wir auch durch andere Bibelstellen informiert werden. Der Teufel verführt die Völker "in den vier Enden der Erde, den Gog und Magog" (Offenb. 20,8). In dieser Satzkonstruktion ist die Bezeichnung

"Gog und Magog" lediglich ein anderer Ausdruck für "die Völker in den vier Enden der Erde". Zwar kommen "Gog" und "Magog" in Hes. 38, 2 vor. Doch in Hes. handelt es sich nicht um zwei Personen, sondern "Gog" ist der Fürst des Landes Magog. Außerdem benutzt Hesekiel die Völkerstämme symbolisch. In Offenb. 20,7ff geht es nicht um einzelne Völker, die zum Krieg aufbrechen, sondern es geht um "**den Krieg**".

Die feindlichen Kräfte umzingeln "das Heerlager der Heiligen und die geliebte Stadt". Wie kann eine Stadt gleichzeitig ein Heerlager sein? Daß die Gläubigen Soldaten Jesu Christi sind, ist uns zum Beispiel aus Eph. 6, wo die geistliche Waffenrüstung beschrieben ist, bekannt. Es wurde schon[22] auf Hebr. 12,22-24 hingewiesen, wo es heißt: "Ihr seid gekommen zu dem Berge Zion und zu der Stadt des lebendigen Gottes, dem himmlischen Jerusalem, und zu den vielen tausend Engeln und zu der Versammlung der Gemeinde der Erstgeborenen, die im Himmel angeschrieben sind, ...".

Das ist das "Heerlager der Heiligen". Das "Heerlager der Heiligen" ist nicht ein bestimmter Ort auf der Erde, von dem aus man mit Raketen in das Gebiet des "Gog und Magog" schießen könnte und umgekehrt. Sondern wie der Berg Zion, von dem in Hebr. 12 geschrieben steht, nicht ein bestimmter Fleck auf der Welt ist, sondern sich über die ganze Erde erstreckt, so ist auch das "Heerlager der Heiligen" überall dort, wo es Soldaten Jesu Christi gibt.

Das gleiche gilt von der "geliebten Stadt". Es ist nicht vom irdischen Jerusalem die Rede. Denn traditionell wurden im irdischen Jerusalem die Propheten ermordet; und es entsprach durchaus der Tradition, daß auch Jesus dort getötet wurde (Luk. 13,33f). Die "geliebte Stadt" ist vielmehr eine andere Bezeichnung für den "Berg Zion", für die "Stadt des lebendigen Gottes", für das "himmlische Jerusalem", wovon wir in Hebr. 12 lesen.

---

[22] s. oben den Abschnitt „Das Königreich Jesu", S. 23.

Daß die Feinde das "Heerlager der Heiligen" umzingeln, entspricht Jesu Worten: "Siehe, ich sende euch wie Schafe mitten unter Wölfe" (Matth. 10,16). "In der Welt habt ihr Trübsal, aber seid guten Mutes, ich habe die Welt überwunden" (Joh. 16,33). "Frieden lasse ich euch. Meinen Frieden gebe ich euch. Nicht wie die Welt gibt, gebe ich euch. Euer Herz erschrecke nicht und fürchte sich nicht" (Joh. 14,27).

Wenn die Gläubigen schon in der Zeit, in der der Teufel gebunden ist, in solcher Drangsal leben, wieviel mehr am Ende der tausend Jahre, wenn er losgelasssen wird. Die Gesetzlosigkeit wird überhandnehmen. Da ist es allzu verständlich, daß dadurch die Liebe in vielen erkaltet (Matth. 24,12), wenn jegliches Recht und jegliche Ordnung zusammenbricht.

Nach dem Endkampf kommt das Weltgericht. Da werden die Toten gerichtet nach dem, was geschrieben steht in den Büchern, nach ihren Werken (Offenb. 20,12). Die Toten werden gerichtet. Doch „wer an mich glaubt, der wird leben, ob er gleich stürbe; und jeder, der lebt und glaubt an mich, der stirbt in Ewigkeit nicht" (Joh. 11,25f). Da die Gläubigen somit nicht tot sind, erscheinen sie auch nicht zum Weltgericht, bei dem nach den Werken gerichtet werden wird. Denn „wer mein Wort hört und glaubt dem, der mich gesandt hat, hat ewiges Leben und kommt nicht in das Gericht, sondern ist hinübergetreten aus dem Tod in das Leben" (Joh. 5,24).

Christus hat das Weltende und die Zerstörung Jerusalems vorhergesagt. Aber nirgendwo kündigt er an, daß uns heute vor dem Weltende ein Tausendjähriges Zwischenreich noch bevorstehen würde. Die Tatsache, daß Jesus solch eine gewaltige weltumfassende Friedensära in seiner Verkündigung überhaupt nicht erwähnt, deutet darauf hin, daß es eine solche auf dieser Welt niemals geben wird. Mit anderen Worten: Nirgendwo deutet Jesus an, daß seine Worte „In der Welt habt ihr Trübsal" (Joh. 16,33) und „Frieden lasse ich euch" (Joh. 14,27) auf irgendeine Epoche der zukünftigen Weltgeschichte nicht zutreffen würden.

Christus sagt auch, daß wir zu jeder Zeit darauf vorbereitet sein sollen, daß er wie ein Dieb in der Nacht wiederkommen und von uns Rechenschaft fordern wird (Matth. 24,43f; Luk. 12,39). Doch das Weltende könnte unmöglich derart unerwartet über uns hereinbrechen, wenn für die Zeit davor ein Tausendjähriges Friedensreich vorhergesagt wäre. Ein solches ist auch im zweiten Petrusbrief nicht erwähnt, in dem es heißt: „Es wird aber kommen der Tag des Herrn wie ein Dieb, an dem die Himmel mit gewaltigem Geräusch vergehen werden, die Elemente vor Hitze aufhören werden und die Erde und die Werke, die in ihr gefunden werden" (2. Petr. 3,10).

Vieles von dem, was soeben über Offenb. 20 dargelegt wurde, ist einer Kassettenreihe zur Offenbarung entnommen. Es handelt sich um eine englischsprachige Vortragsreihe mit deutscher Übersetzung, die der Leiter der Bibelschulen des weltweiten charismatischen Missionswerkes "Jugend mit einer Mission" Earl Morey im Jahre 1988 gehalten hat.[23]

Die Sicht von Offenb. 20 als Beschreibung der neutestamentlichen Heilszeit, die mit Jesu Sieg von Karfreitag, Ostern und Pfingsten begann, als Christus der Schlange von 1. Mose 3 den Kopf zertreten hat, würde man eher bei einem Lutheraner als bei einem Bibelschullehrer eines charismatischen Missionswerkes vermuten. Daß wir bei ihm dennoch die biblische Position finden, liegt daran, daß er den Problemen der Methode der Erkenntnisgewinnung große Aufmerksamkeit gewidmet hat. Das wirkt sich auch darin aus, daß er in der Kassettenreihe die ersten Kassetten mit dieser Thematik füllt.

Als Mitarbeiter eines charismatischen Missionswerkes steht er nicht im Verdacht, von irgendwelchen Vertretern der lutherischen Orthodoxie einfach abgeschrieben zu haben. Daß er dennoch (vielleicht ohne es zu wissen) deren Positionen vertritt,

---

[23] zu beziehen durch JMEM Altensteig, Kassettendienst. Diese Kassette hat jemand auf CD gebrannt, deren Kopie ich gerne weitergebe. Eine Vortragsreihe mit deutscher Übersetzung von Morey, ebenfalls zur Offenbarung, ist abrufbar unter http://www.youtube.com (in das Suchfeld eingeben: JMEM Morey). Inzwischen hat Earl Morey folgenden englischsprachigen Kommentar zur Offenbarung verfaßt: Our God Reigns; A Guide to Understanding Revelation, Xulon Press, Fairfax USA, 1992.

zeigt, daß die Bibellehre eindeutig ist. Wo konsequent nach dem Grundsatz "allein die Schrift" gearbeitet wird und wo man sich Rechenschaft über die Methoden der Erkenntnisgewinnung gibt, da kommt man zwangsläufig zu den gleichen Ergebnissen.

Röm. 8,18-23 – ein dunkles Gotteswort

Anhand von Röm. 8 jubeln viele Prediger über das Tausendjährige Friedensreich, in dem der Löwe Stroh fressen wird wie das Rind (Jes. 11,7). „Denn ich halte dafür, daß die Leiden der Jetztzeit nicht wert in Anbetracht der künftigen Herrlichkeit, die uns soll offenbart werden. Denn das sehnsüchtige Harren der Kreatur erwartet die Offenbarung der Söhne des Gottes. Der Vergänglichkeit ist die Kreatur dahingegeben, nicht freiwillig, sondern durch den, der dahingegeben hat, auf Hoffnung. Deshalb auch sie, die Kreatur, wird freigemacht werden von der Knechtschaft des Verderbens zur Freiheit der Herrlichkeit der Söhne des Gottes. Denn wir wissen, daß die ganze Kreatur stöhnt mit und befindet sich mit im Geburtsschmerz bis jetzt. Nicht allein das, sondern auch (wir) selbst, die wir die Erstlingsfrucht des Geistes haben, und jene in uns selbst stöhnen wir, die Sohnschaft empfangend, die Erlösung unseres Leibes" (Röm., 8,18-23).

Ein Problem ist: Was heißt „Kreatur" (griechisch: ktisis)? Meint der Apostel nur die Menschheit, oder schließt er auch die Tierwelt mit ein? Das entsprechende griechische Wort hat beiderlei Bedeutung. So sagt Jesus in Markus 16,15: „Hingehend in alle Welt verkündet das Evangelium **aller Kreatur**".

Doch in Röm. 8,18-23 ist die „Kreatur" das Gegenüber der „Söhne Gottes". Mit „Kreatur" sind folglich nicht die Gläubigen gemeint. Verstünde man unter „Kreatur" die ungläubige Menschheit, dann würde diese Betrachtungsweise auf Allversöhnung hinauslaufen, zumindest aber auf eine Bekehrungsmöglichkeit nach dem Tode. Daß wenigstens diejenigen, die während ihres Erdenlebens nichts von Jesus Christus erfahren haben, sich nach ihrem Tode noch bekehren können, erhofft mancher, der ein Tausendjähriges Friedensreich für die Zukunft erwartet.

Doch dagegen, daß sich „Kreatur" auf den Menschen beschränkt, spricht die Formulierung „ganze Kreatur" in V. 22. „Die ganze Kreatur" stöhnt mit und befindet sich mit im Geburtsschmez bis jetzt. Wer oder was gehört zur „ganzen Kreatur"? Nur Kühe, Schafe und ähnliche Tiere oder auch Flöhe und Wanzen? Auch Bakterien? Auch Pflanzen? Und wo werden sie leben, wenn Himmel und Erde vergehen werden (Luk. 21,33)?

Mit verschiedenen Worten wird die Zukunft von Himmel und Erde beschrieben: „Sie werden untergehen, du aber bleibst; und sie werden verfallen wie ein Kleid; wie ein Gewand wirst du sie verwandeln; und sie werden vergehen" (Ps. 102,27). Über das Vergehen von Himmel und Erde und über einen neuen Himmel und eine neue Erde schreibt auch Petrus in seinem zweiten Brief. Mit keinem Wort erwähnt er dabei, daß die Gläubigen eine Tausendjähriges Friedensreich zu erwarten hätten: „Es wird aber der Tag des Herrn kommen wie ein Dieb, an welchem die Himmel vergehen werden mit gewaltigem Geräusch, die Elemente aber im Brande werden aufgelöst und die Erde und die Werke auf ihr verbrannt werden. ... Wir erwarten aber, nach seiner Verheißung, neue Himmel und eine neue Erde, in welcher Gerechtigkeit wohnt" (2. Petr. 3,10-13).

Wir erwarten eine leibliche Auferstehung. Allerdings werden unsere Leiber verwandelt werden. „Wir werden nicht alle entschlafen, wir werden aber alle verwandelt werden" (1. Kor. 15,51). Und über den Auferstehungsleib lesen wir: „Nicht alles Fleisch ist dasselbe Fleisch; sondern ein anderes der Menschen, und ein anderes das Fleisch des Viehes, und ein anderes Fleisch der Vögel, und ein anderes der Fische. Und (es gibt) himmlische Leiber und irdische Leiber. Aber eine andere ist die Herrlichkeit der himmlischen, eine andere die der irdischen; eine andere die Herrlichkeit der Sonne, und eine andere Herrlichkeit des Mondes, und eine andere die Herrlichkeit der Sterne; denn es unterscheidet sich ein Stern von Stern an Herrlichkeit. Auf diese Weise ist auch die Auferstehung der Toten. Es wird gesät in Verwesung, es wird auferweckt in Unverweslichkeit. Es wird gesät in Unehre, es wird auferweckt in Herrlichkeit; es wird gesät in Schwachheit, es wird auferweckt in Kraft; es wird gesät ein natürlicher Leib, es wird auferweckt ein geistlicher Leib. Wenn es einen natürlichen Leib gibt, so gibt es auch einen geistigen" (1. Kor. 15,39-44). Außerdem schreibt der Apostel: „Dies aber sage ich, Brüder, daß Fleisch und Blut das Reich Gottes nicht ererben kann, auch das Vergängliche nicht die Unvergänglichkeit ererbt. Siehe, ich sage euch ein Geheimnis: Wir werden zwar nicht alle entschlafen, wir werden aber alle verwandelt werden, in einem Nu, in einem Augenblick, bei der letzten Posaune; denn posaunen wird es, und die Toten werden auferweckt werden unvergänglich, und wir werden verwandelt werden. Denn dieses Vergängliche muß Unvergänglichkeit anziehen, und dieses Sterbliche Unsterblichkeit anziehen" (1. Kor. 15,50-53). Als nächstes erwartet der Apostel also die Verwandlung „bei der letzten Posaune", und nicht den Anbruch des Tausendjährigen Friedensreiches. Wir werden somit mit einem geistlichen Leib auf der neuen Erde, in welcher Gerechtigkeit wohnt, leben. Welche Rolle Tiere und Pflanzen auf derselben einnehmen werden, bleibt uns verborgen. Ebenso verborgen bleibt uns, wie es möglich ist, daß Christus mit seinen Jüngern „von diesem Gewächs des Weinstocks" neu trinken wird in seines Vaters Reich (Matth. 26,29).

Röm. 8,18-23 ist eine von den Stellen, von denen der Apostel Petrus schreibt, daß in den Briefen des „Bruder Paulus" „einiges schwer zu verstehen ist, das die Unwissenden und Ungefestigten verdrehen, wie auch die anderen Schriften, zu ihrer eigenen Verdammnis" (2. Petr. 3,15f).

Von den klaren Stellen, z. B. den Bibelstellen, die bezeugen, daß Jesu Friedensreich mit seinem Golgatha- und Auferstehungssieg begann, sollten wir die dunklen Stellen ausleuchten und nicht umgekehrt. Eine klare Stelle ist z. B. Hebr. 12,22, wo es heißt: „Ihr **seid gekommen** zu dem Berge Zion und zu der Stadt des lebendigen Gottes, dem himmlischen Jerusalem". Und derselbe Apostel, der Röm. 8 geschrieben hat, schrieb auch: „Mit ihm [Christus] seid ihr auch auferstanden durch den Glauben" (Kol 2,12; 3,1). Von dieser eindeutigen Botschaft, daß wir jetzt schon Bürger von Jesu Friedensreich sind, sollten wir nicht deshalb abweichen, weil uns einige Verse des achten Kapitels des Römerbriefes unverständlich bleiben.

Das nachpfingstliche Verständnis der Tausendjährigen Heilszeit

Die messianische Heilszeit, die mit dem Bild von Offenbarung 20 als das "Tausendjährige Reich" bezeichnet wird, beschreibt schon der Prophet Jesaja. Worte, die diese Heilszeit ankündigen, sind solchen Weissagungen erstaunlich ähnlich, die das Kommen Jesu ankündigen. So beginnt z. B. Jes. 60, das Zions zukünftige Herrlichkeit beschreibt, mit folgenden Worten: "Erhebe dich! Leuchte! denn dein Licht ist gekommen und die Herrlichkeit des HERRN ist über dir aufgegangen. Denn siehe, Finsternis bedeckt die Erde und Dunkel die Nationen; aber über dir erstrahlt der HERR und seine Herrlichkeit wird über dir sichtbar". Ähnliches lesen wir in Jes. 9,1, wo es heißt: "Das Volk, die in der Finsternis wandelnden, sehen ein großes Licht; den wohnenden im Lande des Todesschattens, Licht leuchtet über sie". Einige Verse weiter lesen wir: "Denn ein Kind ist uns geboren, ein Sohn uns gegeben, ..." (V. 5). Wir sehen, die Geburt Jesu wird mit ähnlichen Worten angekündigt wie der Anbruch der messianischen Heilszeit.

Es kommt noch hinzu, daß Christus folgende Verse aus Jesajas Beschreibung der zukünftigen Heilszeit zitiert: "(Der) Geist des Herrn (ist) auf mir, weil er mich gesalbt hat, zu verkündigen das Evangelium den Armen; er hat mich gesandt, den Gefangenen Befreiung zuzurufen und den Blinden das Gesicht, hinzusenden Zerschlagene in Freiheit, auszurufen das angenehme Jahr des Herrn" (Luk. 4,18; zitiert aus Jes. 61,1f). Zu diesen Worten sagt Christus: "**Heute** ist erfüllt diese Schrift vor euren Ohren" (Luk. 4,21). Christus selbst bezieht somit diese Worte, die aus der Sicht des Propheten die zukünftige messianische Heilszeit beschreiben, auf seine Gegenwart.

Wenn die Juden meinten, daß die Ankunft des Messias und die Aufrichtung seines Friedensreiches Hand in Hand gehen, so hatten sie in diesem Punkt recht. Doch die Juden hatten die herrlichen Verheißungen fleischlich und materiell verstanden. Wir haben dies am Beispiel der Samariterin gesehen. Jesus gebrauchte die Sprache der Propheten und bot der Frau lebendiges Wasser an. Die Frau aber verstand ihn nicht und wunderte sich, weil Jesus kein Schöpfgerät bei sich hatte. Allgemein wurden die Segnungen der von den Propheten verheißenen messianischen Heilszeit vorwiegend im irdischen und materiellen Sinne verstanden. Wie man sich diese Heilszeit vorstellte, können wir der talmudischen Literatur entnehmen. Zwar wurde der Talmud erst in den Jahrhunderten nach Christus niedergeschrieben, doch geht er auf mündliche Traditionen der Zeit Jesu Christi zurück.

Man erwartete extreme Fruchtbarkeit der Äcker und Weinberge. Durch Windeinwirkung sollten die Getreideähren so aneinander gerieben werden, daß das Mehl nur noch aufgeschaufelt werden muß. Sogar fertige Brote und Kleidungsstücke werde der Boden des heiligen Landes hervorbringen. Selbstverständlich werde es zur Zeit des Messias keine römische Fremdherrschaft geben.[24] Man meinte also zu wissen, was das Messiasreich ist, man wußte nur noch nicht, wer der Messias ist.

Auf diesem Hintergrund müssen wir Jesu Verkündigungsverbote sehen. Am Anfang seiner Wirksamkeit hatte Jesus manchen Menschen, die er geheilt hatte, verboten, anderen von diesem Wunder zu erzählen (Matth. 8,4; Mark. 1,44; Luk. 5,14; Matth. 9,30; Luk. 8,56; Matth. 12,16). Sogar die Jünger durften zu Beginn der Lehrtätigkeit Jesu nicht weitersagen, daß Jesus der Christus - in hebräischer Sprache: der Messias - ist (Matth. 16,20).

---

[24] Hermann L. Strack und Paul Billerbeck, Kommentar zum Neuen Testament aus Talmud und Midrasch, Band IV,2, München ab 1926, S.880-892.

Denn Jesu Zeitgenossen haben auf einen anderen Messias gewartet, auf einen Messias, der ein irdisches Schlaraffenland errichte. Das kann man daran erkennen, wie die Leute sich verhielten, nachdem Jesus fünftausend Menschen mit fünf Broten und zwei Fischen gespeist hatte. Sie wollten ihn greifen und zum König machen (Joh. 6,15). Solch ein König, der dafür sorgt, daß man immer genug zu essen hat, entsprach ganz den Vorstellungen, die man vom Messias hatte. Doch am darauffolgenden (Joh. 6,22) Tag forderte Jesus die gleichen (Joh. 6,26) Menschen, die beim Speisungswunder satt geworden waren, auf, sich die Speise zu schaffen, die bleibt in (das) ewige Leben hinein. Er sprach davon, daß er das Brot des Lebens ist; und er sprach vom Essen seines Fleisches und vom Trinken seines Blutes. Dann lesen wir, daß viele sagten: "Das ist ein hartes Wort", daß viele sich von ihm abwandten (Joh. 6,60.66). Ein König, der einen Überfluß an materielen Gütern gibt, den wollte man haben, aber von einem König, der auffordert, sein Fleisch zu essen und sein Blut zu trinken, von einem König, der einen völlig in Besitz nehmen, der das ganze Denken und Fühlen durchdringen will, von einem solchen König wandte man sich ab.

Jesus erklärte, worin das Gottesreich besteht, daß es nicht im Essen und Trinken und in einer Fülle materieller Güter besteht. Das Reich Gottes besteht nämlich, wie der Apostel Paulus schreibt, in Gerechtigkeit und Frieden und Freude im Heiligen Geist (Röm. 14,17). Jesus war bemüht, den Blick seiner Predigthörer auf die geistlichen Inhalte zu richten. So ist es zu verstehen, daß er am Anfang seiner Verkündigung, wie schon Johannes der Täufer, den Begriff "Reich Gottes" vermied, worunter die Juden ein Königreich des Messias verstanden, in dem es keine Herrschaft der Römer und keinen Mangel an irdischen Gütern geben werde. Indem Jesus statt dessen vom Himmelreich sprach, lenkte er den Blick seiner Predigthörer auf die immaterielle Wirklichkeit. Mehr und mehr klärte Jesus seine Jünger über die geistliche Wirklichkeit seines Reiches auf.

Doch nicht nur bei der Samariterin, die bei Jesu Worten vom lebendigen Wasser an Wasser dachte, für das man Gefäße benötigt, sondern auch bei Jesu Jüngern blieb der Blick an der materiellen Wirklichkeit haften. Als Jesus sie einmal vor dem Sauerteig der Pharisäer und Sadduzäer warnte, dachten auch sie nicht an geistliche Inhalte, sondern an den Sauerteig des Brotes (Matth. 16,6f). Das Markusevangelium (9,33f) berichtet, daß die Jünger sich sogar einmal darüber gestritten hatten, wer unter ihnen der Größte wäre (Mark. 9,33f). Wie wenig Jesu Jünger von geistlichen Dingen begriffen, erkennen wir auch daran, daß sie folgende Worte Jesu nicht verstanden: "Nicht, was zum Munde eingeht, macht den Menschen unrein; sondern was zum Munde ausgeht, das macht den Menschen unrein" (Matth. 15,11). Wie wenig selbst der Jünger Petrus verstand, daß Christus nach der Schrift dazu in die Welt kam, um mit seinem Blut für unsere Sünden zu bezahlen, erkennen wir daran, daß er Jesus davon abhalten wollte, nach Jerusalem zu gehen, um dort zu sterben (Matth. 16,21f). Ja selbst in der Nacht vor Jesu Hinrichtung zeigte seine Reaktion bei der Fußwaschung, wie wenig geistliches Verständnis er hatte. Auf seine Abwehr hin sagte Jesus: „Wenn ich dich nicht wasche, so hast du keinen Teil an mir" (Joh. 13,8). Darauf Petrus: „Herr, nicht die Füße allein, sondern auch die Hände und das Haupt" (V. 9). In den drei Jahren Theologiestudium bei Jesus scheint dieser Jünger nichts gelernt zu haben. Wie hätte er denn sonst auf den Gedanken kommen können, daß eine Hautverunreinigung von Christus trennen könnte?

Wenn sogar Jesu Jünger, die ständig die Predigt Jesu gehört hatten, so wenig geistliches Verständnis hatten, wieviel weniger dann die anderen Juden. Um so leichter denken sie dann z. B. an das Wasser,[25] für das man Gefäße benötigt, wenn sie von dem Wasser lesen, das nach Hes. 47,9 vom Tempel ausgeht.

Wie sehr selbst Menschen aus dem Umfeld Jesu ein geistliches Verständnis fehlte, sehen wir am Beispiel der Emmausjünger. Diese sagten: "Wir aber hofften, daß dieser (es) ist, der Israel erlösen werde" (Luk. 24,21). Sie hatten nicht begriffen, daß die Erlösung Israels in der Vergebung der Sünden besteht - "(Die)

---

[25] ebenda S.886.

Strafe (zu) unserem Frieden auf ihm, und durch seine Wunde Heilung für uns" (Jes. 53,5).

Doch auch dem engeren Kreis der Jesusjünger, die Zeugen der Himmelfahrt waren, mangelte es an geistlichem Verständnis. Deshalb fragten sie: "Herr, stellst du in dieser Zeit dem Israel das Reich wieder her?" (Apg. 1,6). Die Jünger konnten sich nicht von der Vorstellung lösen, daß Christus ein innerweltliches äußeres und sichtbares irdisches Friedensreich aufrichten werde. Doch Jesus beantwortet die Frage nicht im Sinne der Fragesteller. Er weist vielmehr die falsche Fragestellung zurück, indem er antwortet: "Euer ist es nicht zu erkennen Zeiten oder Zeitpunkt, die der Vater in seiner eigenen Vollmacht gesetzt hat" (Apg. 1,7). Diese Worte müssen wir in folgender Weise verstehen: Ihr habt nicht die Fähigkeit, ihr habt nicht das Erkenntnisorgan, Zeiten und Zeitpunkt zu erkennen. Man kann die Frage der Jünger damit vergleichen, wie wenn ein Tauber fragt, ob die Werke Beethovens rot oder blau sind. Doch wie man die Musik Beethovens nicht durch irgendwelche Farben beschreiben kann, so kann man das Gottesreich, das Jesus bringt, nicht durch irgendeinen Zeitpunkt erfassen, an dem die Aufrichtung eines innerweltlichen politischen Reiches erhofft wird. Den Jüngern fehlte ein Sinnesorgan, um das Reich Gottes zu erkennen, wie einem Tauben ein Sinnesorgan fehlt, um die Musik Beethovens zu erfassen.

Statt nun die falsch gestellte Frage der Jünger zu beantworten, weist Christus auf das damals noch bevorstehende Pfingstereignis hin: "Sondern ihr werdet Kraft empfangen, wenn der Heilige Geist auf euch gekommen ist; und ihr werdet meine Zeugen sein sowohl in Jerusalem als auch in ganz Judäa und Samaria und bis an das Ende der Erde" (Apg. 1,8). Erst nachdem die Jünger zu Pfingsten den Heiligen Geist in seiner Fülle empfangen hatten, haben sie das Wesen des Reiches Gottes verstanden. Am Gründonnerstag hatte Christus den Jüngern verheißen, daß sein Vater den Tröster, den Heiligen Geist, senden wird, der sie alles lehren und an alles erinnern wird, was Jesus sie gelehrt hatte (Joh. 14,26). Nachdem diese Verheißung am Pfingsttag erfüllt worden war, haben dieselben Jünger, die Jesus von seinem

Gang nach Golgatha abhalten wollten, in Jerusalem, in Samaria und bis an das Ende der Erde verkündet, daß in Jesu Tod das Heil der Welt liegt.

Die Jünger hatten Pfingsten erlebt, nicht aber viele Feinde Jesu. Jesu Feinde, die Pfingsten nicht erlebt hatten, verboten den Jüngern, im Namen Jesu zu predigen (Apg. 4,18). Denn ohne die Erleuchtung durch den Heiligen Geist wird die Botschaft vom Kreuz entweder als Torheit oder als Ärgernis empfunden (1.Kor. 1,23). Die Heiden stehen der Kreuzesbotschaft verständnislos gegenüber. Weil sie in dieser Botschaft lediglich eine Torheit sehen, können sie Jesu Nachfolgern noch am ehesten "Narren-freiheit" gewähren. Doch für Juden ist diese Botschaft mehr als nur Torheit. Sie ist vielmehr ein Ärgernis. Deshalb verfolgten sie Christus. Und Jesus warnt seine Jünger: "Hütet euch vor den Menschen; sie werden euch den Gerichten übergeben und in ihren **Synagogen** geißeln" (Matth. 10,17).

Von der **Synagoge** ging der Kampf gegen die christliche Botschaft aus. Das sehen wir schon an der Verurteilung Jesu. Der Heide Pilatus sah keine Ursache für ein Todesurteil (Joh. 18,38). Deshalb wurde er zur Rechtsbeugung erpreßt (Joh. 19,12-16). In der Apostelgeschichte können wir wiederholt (Apg. 5,17f; 6,9-58; 8,1.3; 9,1-2; 12,1-3; 21,27-30; 22,22; 23,12) lesen, daß die Verfolgung der christlichen Gemeinde von der **Synagoge** ausging. Mit Christus kam es zur Spaltung innerhalb des Judentums. Denn sowohl die Apostel als auch diejenigen unter den Pharisäern, die an Jesus glaubten, betrachteten sich als Juden. Doch die Gruppe unter den Pharisäern, die Jesus ablehnte, steigerte sich mehr und mehr in einen Haß gegen Jesus und seine Botschaft hinein. Schriftlichen Ausdruck fand die theologische Richtung der Feinde Christi später im Talmud. Dieser ist voll von Schmähun-gen der Person Jesu, und seine Lehre wird frontal verneint.

Mit der Lehre Jesu haben die Pharisäer auch Jesu Predigt vom Reich Gottes abgelehnt und - ähnlich wie die Jünger vor Pfingsten - an der Hoffnung festgehalten, daß der Messias ein politisches innerweltliches Reich Israel aufrichten werde. Auf dem Hintergrund dieser falschen Reichsgottesvorstellung konnten falsche Messiasse das Volk wiederholt zu Kriegen gegen die römische Besatzungsmacht verführen. Die Ergebnisse waren die Zerstörung Jerusalems im Jahre 70 und die Vertreibung der Juden aus Judäa im Jahre 135. Die militärischen Niederlagen haben zwar falsche Messiasse als solche entlarvt; die Hoffnung auf ein irdisches Friedensreich hat diese Katastrophen jedoch überdauert und besteht bei den geistigen Nachkommen der Pharisäer bis in unsere Gegenwart fort.

Doch auch diejenigen, die in Jesus von Nazareth den Messias sehen, sind nicht immer frei von einem pharisäischen Reichsgottesverständnis. Das war bei Jesu Jüngern vor Pfingsten der Fall. Das gibt es auch heute bei den Jesusnachfolgern, deren Denkweise nicht völlig durch das Pfingstereignis umgestaltet worden ist. Die Pharisäer und deren Gesinnungsgenossen folgern aus dem Unterschied von ihrer eigenen Reichsgottesvorstellung und dem, was Jesus gebracht hat, daß Jesus von Nazareth nicht der Messias sein könne. Die Jesusnachfolger aber, die den Pharisäern geistlich nahestehen, sagen: Jesus von Nazareth ist der Messias. Doch als Messias sei er noch nicht gekommen. Als Messias werde er erst in Zukunft kommen, wenn er in Jerusalem seine Königsherrschaft über die ganze Welt aufrichten werde.

Durch diese Betrachtungsweise wird der Blick abgewendet von Golgatha und vom leeren Grab hin zu einem erhofften irdischen Friedensreich. Golgatha und das leere Grab verschwinden auf diese Weise aus dem Zentrum des Glaubens. Die Sündenvergebung, die Christus durch sein Leiden und Sterben für uns erworben hat, sei ganz schön und gut; aber als die eigentliche neutestamentliche Zeit wird das als zukünftig gedachte Tausendjährige Friedensreich empfunden.

Zwar ist es der von Gott gesandte Messias, von dem man die Aufrichtung des Tausendjährigen Friedensreiches erhofft; aber in dem Maße, wie Gott aus dem Blickfeld gerät, in dem Maße schlüpfen Menschen in die Rolle des Messias. Allmählich wird aus einem von Gott gesandten Messias ein rein innerweltlicher Heilbringer. Die Grenze zwischen beiden ist durchaus fließend. Als Heilbringer werden angesehen die eigene Nation (Am Beispiel von Amerika wird dies besonders deutlich.) oder Personen (z. B. Napoleon oder Hitler[26]) oder ökonomische Gruppen (z. B. das Proletariat).

Je mehr sündige Menschen in die Rolle des Messias schlüpfen, um so mehr sind es Menschen, die eine zukünftige vermeintliche Heilszeit aufrichten wollen, um so größer ist das Unheil, das sie tatsächlich anrichten. Wie fließend der Übergang sein kann von einem Glauben, der von Jesus Christus erhofft, daß er in Zukunft ein irdisches Friedensreich aufrichtet, hin zu einer rein politischen innerweltlichen Heilslehre, in der Jesus Christus fast überhaupt nicht mehr vorkommt, soll im folgenden am Beispiel von Amerika gezeigt werden.

Vor dem amerikanischen Bürgerkrieg (1861-1865) wurde Amerika als das neue Israel angesehen, als die auserwählte Nation, mit der Gott einen besonderen Bund geschlossen habe.[27] Der amerikanische Staatenbund sei sowohl mit der Freiheit der Menschen als auch "mit der Erlösung der Welt" eng verbunden.[28] Auf diesem Hintergrund wurden die Kriege, die Amerika geführt hat, als Glaubenskriege empfunden. Das wird am Text der im Bürgerkrieg (1861-1865) viel gesungenen Kampfeshymne deutlich. Dort heißt es in einer Strophe: "Laßt den Held, vom Weibe geboren, die Schlange mit seiner Ferse zerschmettern".[29]

Das zentralste Ereignis der Weltgeschichte, nämlich daß Christus der Schlange von 1. Mose 3 den Kopf zertreten hat, wird vom Hügel Golgatha in das Amerika des Bürgerkrieges verlegt. Als ob das nicht schon genug Gotteslästerung wäre, heißt es in

---

[26] Zum religiösen Charakter der Hitler-Bewegung s.: James M. Rhodes, The HITLER-MOVEMENT. A Modern Millenarian Revolution, Stanford, California, USA 1980.

[27] James H. Moorhead, American Apocalypse. Yankee Protestants and the Civil War 1860-1869, New Haven and London 1978, S. X, 44f und 72f; Ernest Lee Tuveson, Redeemer Nation. The Idea of Americaþs Millennial Role, Chicago and London 1968, S. 128f.

[28] Moorhead, a. a. O., S. 24.

[29] "Let the Hero, born of woman, crush the serpent with his heel". Der Text von "The Battle hymn of the Republic" ist abgedruckt in Tuveson, a. a. O., S. 197f.

der gleichen Kampfeshymne zusätzlich: "Wie er starb, um die Menschen heilig zu machen, laßt uns sterben, um die Menschen frei zu machen".[30] Diese Worte bedeuten, daß der Märtyrertod des Kämpfers im amerikanischen Bürgerkrieg in seiner heilsgeschichtlichen Bedeutung sogar den Tod Christi übertreffe. Denn Jesus starb lediglich, um die Menschheit heilig zu machen, doch der Soldat im heiligen Bürgerkrieg sterbe, um die Menschheit frei zu machen.[31]

Auch der spätere amerikanische Präsident Wilson, der sein Land in den Ersten Weltkrieg hineinsteuerte, wertete den Tod Christi ab. Auf Golgatha erstrahlten - so Wilson - lediglich die ersten Lichtstrahlen. Die Geburt Amerikas sei ein weiterer Schritt gewesen in Richtung auf die Zeiten hin, in denen es keine Kriege mehr geben werde und in denen die Menschen sich selbst in Frieden und Freundschaft regieren.[32] Seine Bemühungen um den Völkerbund (ein Vorläufer der UNO) will er im Zusammenhang mit der Erlösung der Welt betrachtet wissen.[33] Die Welt betrachte - so Wilson - die amerikanischen Soldaten als Kreuzritter, und die Großtaten der US-Armee haben es getan, daß alle Welt an Amerika glaubt.[34]

Auch im Zweiten Weltkrieg waren es religiöse Gefühle, mit denen Präsident Roosevelt Amerika in den Krieg an der Seite Stalins gegen Deutschland hineinmanövrierte. Er förderte bewußt Emotionen eines Kreuzzuges für Demokratie[35]: "Und wenn wir geholfen haben, den Fluch des Hitlerismus zu beenden, werden wir helfen, einen neuen Frieden zu etablieren, der überall

---

[30] "As he died to make men holy, let us die to make men free".

[31] Darüber, daß der amerikanische Soldat im Unterschied zu allen anderen Soldaten auf dem Schlachtfeld als Märtyrer stirbt, s. Moorhead, a. a. O., S. 148.

[32] Tuveson, a. a. O., S. 210f.

[33] Tuveson, a. a. O. S. 209-211.

[34] Tuveson, a. a. O., S. 212.

[35] Samuel I. Rosenman, Introduction. In: The Public Papers and Addresses of Franklin D. Roosevelt. Compiled with Special Material and Explanatory Notes by Samuel I. Rosenman, 1941 Volume, New York 1950, S. XVI und XVIII.

den anständigen Menschen eine bessere Chance gibt, in Sicherheit und in Freiheit und in Glauben zu leben und zu gedeihen."[36]

Immer war es das gleiche Schema: Die amerikanische Nation tritt in den alles entscheidenden Endkampf gegen die Macht der Finsternis (die Südstaaten der USA, das katholische Spanien, der undemokratische deutsche Kaiser, Hitler, die Sowjetunion als "Reich des Bösen", Iraks Präsident Hussein als der Hitler unserer Zeit u. s. w.), die amerikanische Nation, die amerikanische Armee, zermalmt den Kopf der Schlange aus 1. Mose 3, und eine ewige Friedensära bricht an.

Auch in Rußland gab es die Strömung, das eigene Volk als Heilbringernation zu betrachten. Das war ein Motiv, diesem Reich möglichst viele slawische Gebiete einzuverleiben, was mit eine Ursache für den Ersten Weltkrieg war.

Eine weitere Heilslehre ist der Marxismus. Es ist sicherlich nicht zufällig, daß Marx (1818-1883), obwohl er im Alter von sechs Jahren getauft wurde, aus talmudischer Denktradition kam. Zwar leitete der Vater Marx' seine geistige Herkunft von der französischen Aufklärung ab, aber dessen Vater und auch weitere Vorfahren waren Rabbiner. Auch war Marx' Mutter Tochter eines Rabbiners.[37] Es ist sicherlich nicht zufällig, daß die Juden, gemessen an ihrem Anteil in der Bevölkerung, in der kommunistischen Bewegung sowohl Deutschlands als auch Rußlands überrepräsentiert waren. Viele, die sich für Juden halten, sind ja die geistigen Nachkommen der Pharisäer aus der Zeit Jesu. Auch heutige Juden lehnen wie die Pharisäer von damals sowohl die Person Jesu als auch Jesu Predigt von einem geistlichen Friedensreich ab, wonach Christus durch sein von den

---

[36] "And when we have helped to end the curse of Hitlerism we shall help to establish a new peace which will give to decent people everywhere a better chance to live and prosper in security and in freedom and in faith" (Roosevelt am 27. Oktober 1941. In: The Public Papers and Addresses of Franklin D. Roosevelt. Compiled with Special Material and Explanatory Notes by Samuel I. Rosenman, 1941 Volume, New York 1950, S. 441).

[37] Richard Friedenthal, Karl Marx. Sein Leben und seine Zeit, München Zürich 1981, S. 18-29.

Propheten geweissagtes Leiden und Sterben den Frieden mit Gott, der in der Sündenvergebung besteht, erwirkt hat.

"Nicht aber ist das Königreich Gottes Essen und Trinken, sondern Gerechtigkeit und Frieden und Freude im Heiligen Geist" (Röm. 14,17). Jesus wurde nicht zuletzt deswegen abgelehnt, weil seine Lehre vom Gottesreich nicht den eigenen Vorstellungen entsprach, wonach der Messias einen Überfluß an materiellen Gütern bringen werde. Doch die irdischen Hoffnungen leben im Marxismus[38] fort, sie sind lediglich mit dem Atheismus verbunden, jedoch in einer Weise, in der der religiöse Charakter der alten pharisäisch-talmudischen Heilslehre erhalten bleibt. Wie die Bibel von einem Paradies berichtet, so gibt es im marxistischen Geschichtsbild eine Urgesellschaft, in der es keinerlei soziale Unterschiede zwischen den Menschen gegeben hätte, und die Menschen folglich in Frieden und Gleichheit zusammengelebt hätten. Eine tiefe Sehnsucht nach Frieden gehört ganz wesentlich zur marxistischen Religiosität.

Doch dann bildeten sich ökonomische Unterschiede zwischen den Menschen heraus, und als Folge davon kam es zu Klassenkämpfen. Diese Entwicklung kann man mit dem Sündenfall vergleichen. Die Bibel spricht im Zusammenhang mit dem Sündenfall von dem Nachkommen des Weibes, der der Schlange den Kopf zertreten wird. Nach marxistischer Auffassung ist das Proletariat dieser Retter, der den Kopf der kapitalistischen Schlange zertritt. In der gelebten marxistischen Religiosität ist es dann allerdings doch nicht ein abstraktes Proletariat, sondern in unmarxistischer Weise sind es die konkreten Personen Lenin oder Stalin, die die Rolle des irdischen Messias einnehmen. Die Folge der Überwindung des Kapitalismus werde ein von Lenin (Lenin 10,74) so bezeichnetes "Paradies auf Erden" sein. Die technologische Entwicklung mache es möglich, daß bei einem Minimum an hobbyähnlicher "Arbeit" ein Überfluß materieller Güter erzeugt werde.

---

[38] Über den religiösen Charakter des Marxismus s.: Fritz Gerlich, Der Kommunismus als Lehre vom tausendjährigen Reich, München 1920.

Sowohl Marx als auch Lenin (1870-1924) als auch andere deutsche und russische Kommunisten kommen aus einer jüdischen Denktradition, in der erwartet wurde, daß, wenn der Messias kommt, die Felder und Weinberge extrem fruchtbar sein werden, daß Brote und Kleidungsstücke wachsen würden, u. s. w. Die Messiaserwartung wurde im Marxismus lediglich säkularisiert, aber die Vorstellung von einem irdischen Schlaraffenland gab es schon zur Zeit Jesu.

Daß die Heilszeit etwas mit Buße, mit Umkehr zu Gott, mit Änderung der Gesinnung, mit Abkehr von Sünden zu tun haben könnte, diese Bestandteile der Predigt Jesu wollten Jesu Zeitgenossen nicht hören; derartige Gedanken sind auch marxistischem Denken völlig fremd. Entsprechend breit ist auch die Blutspur, die der Marxismus im Kampf für ein irdisches Friedensreich hinterlassen hat.

Ein Mitstreiter von Marx war Friedrich Engels (1820-1895). Bevor er den Glauben verlor, war er ein Pietist gewesen. Er hat auch ein geistliches Gedicht verfaßt. In einer Strophe heißt es: "Du kamst, die Menschheit zu erlösen, vom Tod sie zu befrein und Bösen, zu bringen ihr Dein Glück und Heil. Kommst Du nun herab zur Erden, da wird durch Dich es anders werden, da teilst Du jedem zu sein Teil".[39] Engels hatte sich also Jesu Königsherrschaft als ein sichtbares irdisches Friedensreich vorgestellt. Dem Glauben an eine zukünftige Heilszeit hier auf Erden ist er treu geblieben, als er Atheist wurde. Lediglich die Auffassung, wer der Retter ist, hat sich geändert. Anstatt in Jesus Christus sieht er nun im Proletariat den Erlöser.

Wenn wir den Marxismus ablehnen, dann sollten wir nicht nur halbe Sache machen. Wir sollten nicht zu einer Reichsgottesauffassung zurückkehren, wie sie Engels vor seinem Abfall vom christlichen Glauben hatte, sondern wir sollten zur Predigt Jesu zurückkehren. Und Christus sagt dem Pilatus von sich: "Ich **bin** König" (Joh. 18,37). Diesen Anspruch hatten auch die Soldaten

---

[39] Marx-Engels Gesamtausgabe, M-E Verlagsgesellschaft, Berlin 1930, Abt. I, Bd. 2, S. 465.

zur Kenntnis genommen und flochten ihm eine Krone aus Dornen und legten ihm ein Purpurgewand an. Daß die Soldaten die Königsherrschaft nicht verstanden haben, liegt daran, daß sie Pfingsten nicht erlebt hatten. Wer heute Jesu Selbstaussage, König zu sein, nicht versteht, der verlegt Jesu Königtum in die Zukunft. Doch Christus hat nicht eine Königsherrschaft verkündet, die erst irgendwann in ferner Zukunft anbricht, sondern Jesus hat gesagt: "**Nun** wird der Fürst dieser Welt ausgestoßen werden" (Joh. 12,31). **Nun**, und nicht irgendwann nach zwei oder mehreren tausend Jahren, wird Jesus den Fürsten dieser Welt ausstoßen. Von diesem Frieden sagt Jesus: "Frieden lasse ich euch, **meinen Frieden** gebe ich euch. Nicht gebe ich euch, wie die Welt gibt. Euer Herz erschrecke nicht und fürchte sich nicht" (Joh. 14,27). Der Friede ist somit ein Friede mit Gott, der in der Freiheit von der Sünde besteht.

Auf einem Esel reitet der König Jesus Christus in Jerusalem ein, um dort - in Jerusalem - auf dem Hügel Golgatha und im leeren Grab der Schlange aus 1.Mose 3 den Kopf zu zerschmettern und seine Königsherrschaft aufzurichten. Wieso hat Christus der Schlange den Kopf zertreten? Es gibt doch noch so viel Sünde! Nur wer Pfingsten erlebt hat, der kann, ohne die Augen vor der Sünde zu verschließen (1. Joh. 1,8), die Sündlosigkeit (1. Joh. 3,9; 5,18) der Gotteskinder erkennen.[40] Nur wer Pfingsten erlebt hat, der kann erkennen, daß, obwohl er sich in dieser Welt vorübergehend als Fremdling aufhält, er eigentlich ein Bürger von Jesu Königreich ist. Nur wer Pfingsten erlebt hat, der kann erkennen, daß, ganz gleich, an welchem Ort der Welt er sich gerade befindet, er "zu dem Berg Zion und zu der Stadt des lebendigen Gottes, dem himmlischen Jerusalem," gekommen ist (Hebr. 12,22).

---

[40] Es sei hier auf den entsprechenden Abschnitt auf S. 37 in dieser Veröffentlichung zurückverwiesen.

Der Sauerteig der Pharisäer

Bevor die Jünger Jesus begegneten, hatten sie ganz anders gedacht und empfunden als später nach Pfingsten, als sie in alle Welt gingen, um Jesu Botschaft zu verbreiten. Ein Beispiel ist, daß ausgerechnet Johannes, der später in seinem Evangelium und in seinen Briefen so viel von der Liebe schreibt, und Jakobus Christus baten, Feuer vom Himmel auf ein Dorf der Samariter fallen zu lassen (Luk. 9,54). Bei seinen Jüngern baute Christus nach und nach geistliche Erkenntnis auf. In einem seiner Gespräche warnte er sie vor dem Sauerteig der Pharisäer und Sadduzäer. Daß die Jünger diese Warnung auf den Sauerteig des Brotes bezogen (Matth. 16,5-12), läßt deren irdische Ausrichtung erkennen und zeigt, wie sehr sie diese Warnung nötig hatten.

Auch die Pharisäer waren irdisch gesinnt. Irdisch war deren Vorstellung vom Gottesreich, das der Messias bringen werde. Das Gottesreich, das Christus predigte, entsprach aber nicht ihren Vorstellungen. Auch deshalb lehnten sie Jesus ab. Aber die Sehnsucht nach einem Messias blieb, wenn auch nach einem anderen Messias, als Jesus einer war. In ihrer Ungeduld, daß er nun endlich erscheine, gingen sie ihm voran. Wer vorangeht, gibt die Richtung vor. Die Richtung, auf der Jesus von Nazareth voranging, hatte den Leuten nicht gepaßt: Sündenerkenntnis, Buße, Sanftmut, Demut, jedermanns Diener sein, sich selbst verleugnen, sein Kreuz auf sich nehmen ... So hatte man sich den König auf dem Thron Davids nicht vorgestellt. Man maß Jesus an den eigenen Vorstellungen mit dem Ergebnis, daß er nicht der Messias sein könne. Man wartete auf einen anderen Messias, und in Ungeduld bereitete man diesem anderen Messias den Weg vor. Das geschah nicht so, wie Johannes der Täufer dem von ihm verkündigten Christus den Weg durch seine Bußpredigt vorbereitet hatte, sondern durch den Krieg gegen die Römer im Jahre 70. Dieser setzte einen Aktionismus voraus, bei dem der Schwerpunkt vom Handeln Gottes wegverlegt wurde auf das Handeln der Menschen. Daß es Gott ist, der sein Königreich errichtet, gerät auf diese Weise aus dem Blickfeld. Statt dessen bauen Menschen das Gottesreich bzw. das, was sie dafür halten. Die Frage ist dann nicht: Was will Gott, daß ich tue?, sondern: Welche Mittel führen zum Erfolg? Und diese Frage wird dann auch nicht vom Gotteswort aus beantwortet, sondern durch die menschliche Klugheit. Das heißt, sie wird von dem aus beantwortet, was der Teufel für Klugheit ausgibt. Entsprechend schmutzig sind die Wege dann auch. Dem Reich Gottes dadurch dienen, daß man die Wege Gottes verläßt. Das war der Weg der Pharisäer. Sie verließen ständig die Wege Gottes, um ihrer Macht und ihrem Einfluß, den sie mit dem Reich Gottes verwechselten, zu dienen.

Das soeben Gesagte sind Schlußfolgerungen aus den Taten er Pharisäer. Gepredigt hatten sie das so nicht, sondern lediglich ständig in dieser Weise so gehandelt. Jesus sagt von ihnen zum Volke: „Alles nun, was sie euch sagen, das tut und handelt; aber nach ihren Werken sollt ihr nicht handeln; denn sie sagen's zwar, tun's aber nicht" (Matth. 23,3). Sie predigten mehr oder weniger die reine Lehre, waren aber im Herzen voller Bosheit. Ihre Frömmigkeit wurde von den Leuten bewundert. Doch diese war nur Show, wie Jesus sagt: „Alle ihre Werke aber tun sie, damit sie von den Leuten gesehen werden" (Matth. 23,5). Sie legten viel Gelehrsamkeit an den Tag, um den Forderungen des Gesetzes, das sie anderen predigten, persönlich auszuweichen. „Sie binden schwere und unerträgliche Bürden und legen sie den Menschen auf die Schultern; aber sie selbst wollen keinen Finger dafür krümmen" (Matth. 23,4). Jesus nennt sie Heuchler (Matth. 23,13), Lügner (Joh. 8,55) und Mörder (Math. 22,7). Schauen wir uns deren Taten an, die eine derartige Charakterisierung rechtfertigen. Tatsache ist, daß Jesus viele Zeichen und Wunder getan hat. Konnten sie diese nicht bestreiten, dann verleumdeten sie Jesus wenigstens, er würde durch Beelzebul die Teufel austreiben (Matth. 12,24). Nur drei oder vier Kilometer von Jerusalem entfernt, und zwar in Bethanien, hatte Jesus den Lazarus lebendig gemacht, der schon vier Tage im Grabe war und schon stank. Leute kamen nach Bethanien nicht nur um Jesu willen, sondern auch, um den auferweckten Lazarus zu sehen. Da beschlossen die Hohenpriester, auch Lazarus zu töten (Joh. 12,10). Hatten sie Jesus immerhin für einen Gotteslästerer gehalten, weil er sich Gott gleich machte (Joh. 10,33; Matth. 26,63-65), so lag gegen Lazarus nichts und auch gar nichts vor. Dessen Auferweckung zeigt Jesu göttliche Allmacht. Doch die Hohenpriester hatten sich nun einmal gegen Jesus entschieden. Jesus sagt später vor Pilatus: „Wer aus der Wahrheit ist, der hört meine Stimme" (Joh. 18,37). Und der Apostel Paulus schreibt von denen, die die Liebe zur Wahrheit nicht angenommen haben (2. Thess. 2,10). Da die Pharisäer aber weder aus der Wahrheit waren, noch Liebe zur Wahrheit hatten, sondern Lügner und Heuchler waren, deshalb ließen sie sich nicht einmal durch den eindeutigen Beweis von Jesu Allmacht von ihrem falschen Wege abbringen. Mit krimineller Energie verteidigten sie diesen vielmehr, indem sie den Zeugen für die Falschheit ihres Weges, nämlich den auferweckten Lazarus, umbringen wollten. Dadurch erweisen sie sich als Mörder.

Solche Tatsachen zu unterdrücken, die den eigenen Weg als Irrweg entlarven, war auch ihre Reaktion auf die Auferstehung Jesu. Nicht etwa die Jünger, sondern einige der Soldaten, die das Grab bewacht hatten, berichteten den Hohenpriestern von der Auferstehung Jesu. Nach Beratung mit den Ältesten gaben sie den Soldaten viel Geld, damit sie die Lüge verbreiteten, die Jünger hätten Jesu Leib gestohlen, während sie schliefen (Matth. 28,11-13).

In ihrem Kampf gegen Christus waren die Hohenpriester sogar so weit gegangen, daß sie vor Pilatus die Messiashoffnung, angeblich das Herzstück ihres Glaubens, verleugneten, indem sie sagten: „Wir haben keinen König als den Kaiser" (Joh. 19,15). Als römischer Beamter konnte Pilatus unmöglich weniger kaisertreu sein als die jüdischen Hohenpriester. So ließ sich Pilatus zur Rechtsbeugung erpressen. Das erstrebte Todesurteil für Jesus war erreicht. Aber man hatte sich nicht nur von Jesus losgesagt, sondern auch vom Messiasglauben der Väter und dafür den Kaiser der verhaßten römischen Fremdherrschaft als seinen König erwählt. Dabei sollte der Tod Jesu doch einem guten Zweck dienen, und zwar das erhalten, was die Juden noch an Eigenständigkeit gegenüber den Römern hatten. Als Folge von Jesu vielen Wundern, besonders der Auferweckung des Lazarus, befürchteten die Hohenpriester, die Pharisäer und der Hohe Rat: „Lassen wir ihn so, dann werden sie alle an ihn glauben, und dann kommen die Römer und nehmen uns Land und Leute" (Joh. 11,48). Um das Schlimmste zu verhindern, sollte Jesus getötet werden (Joh. 11,53). Der Sache Gottes dadurch dienen, daß man die Wege Gottes verläßt. Das mag zwar als menschliche Klugheit erscheinen; das ist aber nicht, was Gott von uns erwartet.

Daß die Personen, die sich damals so schändlich verhalten hatten, inzwischen längst gestorben sind, bedeutet keineswegs, daß es heute keine Pharisäer mehr geben würde. Im Gegenteil: Deren Lehre, deren Denk- und Handlungsweise und auch deren Feindschaft gegen Jesus besteht unter denen fort, die sich selbst als „Juden" bezeichnen, obwohl sie es wegen ihrer Ablehnung Jesu im biblischen Sinne nicht sind. Unter ihnen lebt die alte Hoffnung der Pharisäer nach einem irdischen Schlaraffenland fort, das der Messias bringen werde, wenn er in Jerusalem seine Königsherrschaft aufrichten werde. Und diese Hoffnung hat in unserer Gegenwart erhebliche politische Auswirkungen.

Nachdem im 19. Jahrhundert bei allen Völkern das nationale Bewußtsein erwachte und sie danach strebten, in Nationalstaaten zu leben, erwachte es auch bei den „Juden". Für einen „Juden"staat auf dem Gebiet des längst untergegangenen Staates Israel warb der als Folge seiner Bordellbesuche geschlechtskranke Freimaurer Theodor Hertzel. Damals gehörte diese Gegend zum Osmanischen Reich, das Deutschlands Verbündeter im Ersten Weltkrieg war. In diesem Krieg war Amerika bis März 1917 offiziell neutral. England versuchte, Amerika mit in den Krieg hineinzuziehen.

Die wirklichen Machtzentren in der Weltpolitik sind nicht die Staatsoberhäupter, sondern die Freimaurerlogen. Wer das nicht glauben will, der sollte einmal der Frage nachgehen, wie hoch der Anteil der Freimaurer unter den Bauern, unter den einfachen Arbeitern, unter den Sozialhilfeempfängern und wie hoch deren Anteil unter den US-Präsidenten ist. Die Freimaurerlogen sind Männer-Geheimbünde, die am Tempel der Humanität mauern. Mit langfristigen Strategien arbeiten sie auf eine antichristliche Weltregierung hin. Sie unterwandern sämtliche gesellschaftlich relevante Gruppen wie z. B. Parteien, Kirchen, Medien u. s. w. Man kann nicht selbst Mitglied werden, sondern sie suchen sich fähige Männer, die sie aufnehmen, selbst aus und bringen sie an die Schaltstellen in Politik, Medien, Wirtschaft, Justiz, Kirchen ... . Durch Doppelmitgliedschaften kontrollieren die Hochgradlogen die niederen Logen. Dann gibt es noch die B'nai B'rith (hebr.: Söhne des Bundes) –Loge, der nur „Juden" angehören können, deren Glieder das gesamte Freimaurerwesen kontrollieren. Die „Juden" betrachten sich als das auserwählte Volk, das die Weltherrschaft auszuüben habe. Der Drang zur Weltherrschaft ist bei ihnen religiös motiviert. Durch ihre politische Macht lenken sie die Geldströme zu „jüdischen" Stellen, und die Finanzen setzen sie ein, um weitere Macht zu erlangen, u. s. w. Andere, die ebenfalls großen Reichtum anhäufen, wollen diesen genießen. Doch die "jüdischen" Weltbeherrscher wollen sich nicht auf die faule Haut legen. Sie setzen vielmehr ihren ergaunerten Reichtum ein, um ihre Weltmacht auszubauen, nach der sie mit religiösem Eifer streben.

Der Teufel zeigte Jesus alle Reiche der Welt und ihre Herrlichkeit und bot ihm an: „Das alles will ich dir geben, wenn du niederfällst und mich anbetest" (Matth. 4,8f). Bei Jesus war er abgeblitzt, nicht aber bei den „Juden". Zu den „Juden" sprach Jesus: „Ihr habt den Teufel zum Vater, und nach eures Vaters Gelüsten wollt ihr tun. Der ist ein Mörder von Anfang an und steht nicht in der Wahrheit; denn die Wahrheit ist nicht in ihm. Wenn er Lügen redet, so spricht er aus dem Eigenen; denn er ist ein Lügner und Vater der Lüge" (Joh. 8,44). Daß die „Juden", die die wirkliche Macht hinter den Kulissen haben, sich dem Teufel verschrieben haben, dokumentierten sie ihrer eingeweihten Basis durch die Teufelssymbole, die der deutsche Personalausweis enthielt[41]. Allerdings wurden sie von dort wieder entfernt, vielleicht weil die Teufelssymbole von der Öffentlichkeit zu sehr beachtet worden waren. Denn es soll nicht jeder wissen, wer im Hintergrund die Fäden zieht. Daß die Herrschenden, und das sind nun einmal die „Juden", sich dem Teufel verschrieben haben, zeigt sich auch darin, daß besonders die Grundschulen den Kindern okkulte Praktiken vermitteln. Der bewußte Teufelsdienst wird auch darin deutlich, daß diese Mißstände schon lange öffentlich beklagt werden, ohne daß sich bisher etwas gebessert hätte. Dadurch wird offensichtlich, daß die Teufelsdiener vorsätzlich mit krimineller Energie handeln. Diese äußert sich auch darin, daß die Teufelsdiener auch Eltern verfolgen und sogar schon ins Gefängnis geworfen haben, weil sie ihre Kinder von dieser und anderer Verführung zur Sünde fernhalten wollen.

Die Teufelsdiener verfolgen die Jesusnachfolger auf den niedrigsten politischen Ebenen; sie steuern auch die große Weltpolitik. Mit ihrem vielen Geld kaufen sie Zeitungsunternehmen und bestimmen dadurch den Inhalt der Druckerzeugnisse. Auch die anderen Zeitungsunternehmen wollen Geld erwirtschaften. Das bekommen sie zum wesentlichen Anteil von den Anzeigenkunden. Indem die großen Unternehmen, deren überwiegender Teil sich in „jüdischen" Händen befindet, Anzeigen aufgeben oder nicht aufgeben, erzwingen sie das Wohlverhalten der Presse, deren Einnahmen zum wesentlichen Teil von den Anzeigenkunden stammen. Durch diese Machtstrukturen können die Freimaurer eine Kriegshetze inszenieren, wenn es ihren Zielen zu dienen scheint.

Man bedenke: Amerika hatte durch seine geographische Lage die ideale Voraussetzung, sich aus den europäischen Kriegen herauszuhalten. Daß Amerika trotzdem in den Ersten Weltkrieg eintrat, zeigt die große Macht und die hohe Intelligenz be-

---

[41] Näheres im Internet unter www.personenausweis.de; Rainer Daehnhardt: „Mir reicht's". Untersuchungen der auf dem Personalausweis verwendeten Symbolik, Lisboa (Portugal) 2004.

stimmter hochkrimineller Eliten, die die große Masse der nicht minder kriminellen Dummköpfe steuerten.

Vor dem März 1917 konnte Amerika nicht an der Seite Rußlands in den Ersten Weltkrieg eintreten, denn Rußland war ein antisemitisches Land. Doch das änderte sich mit dem Sturz des Zaren in der Februarrevolution, die nach unserem Kalender im März 1917 stattfand. Im April erklärte Amerika Deutschland dann den Krieg. Und die „jüdisch" beherrschten Medien logen dann z. B., deutsche Soldaten hätten in Belgien kleine Kinder in die Luft geworfen und mit Bajonetten aufgespießt – also Greuellügen, wie wir sie von Amerika auch vom Zweiten Weltkrieg und in unserer Gegenwart kennen. Wer den Teufel zum Vater hat, der kann das Lügen eben nicht lassen. Wer wie die „Juden" die Wege Gottes ohnehin verlassen hat, für den ist auch nicht der Wille Gottes entscheidend, sondern die Erfolgsaussichten; für den heiligt der Zweck die Mittel. Und die Lügen wie die von deutschen Soldaten aufgespießten belgischen Kinder waren erfolgreich. Amerika wurde in den Krieg hineingezogen. Dadurch hat ihn England gewonnen. Als Folge davon konnten "Juden" im vormals osmanisch beherrschten Palästina siedeln. So sündig begann die Geschichte des späteren Staates Israel, und nicht weniger sündig war deren Fortgang.

Ein eigener Judenstaat als Zentrum des Weltjudentums erschien auch deshalb für notwendig, weil sich die „Juden" in ihren Ländern ständig assimilierten, so daß es schien, daß es in absehbarer Zeit keine "Juden" mehr geben würde. Gegen diese Entwicklung wendeten sich sowohl die „jüdischen" Nationalisten als auch Hitler. Beide kooperierten miteinander, um die „Juden" zu bewegen, Deutschland zu verlassen und sich in Palästina anzusiedeln. Die gemeinsamen Feinde sowohl Hitlers als auch der „jüdischen" Nationalisten waren die assimilierten „Juden", die Deutsche sein wollten. Diese kamen ins KZ, und viele von ihnen wurden umgebracht. Nicht ohne Grund wird Hitler auch als der eigentliche Begründer des Staates Israel gesehen. Während seiner Herrschaft und auch danach als Reaktion auf die Verfolgung wuchs die „jüdische" Bevölkerung in Palästina. Dabei wurde das viele Unrecht, das Hitler den „Juden" zugefügt hatte, durch Greuelpropaganda aufgebauscht. „Juden" seien zu Seife verarbeitet worden. Amerikanische Soldaten erzählten überall in Amerika von der Gaskammer, die sie in Dachau gesehen hätten. Doch diese war eine Fälschung, die nach dem Krieg von deutschen Kriegsgefangenen angefertigt worden war. Auch von der in Auschwitz gezeigten angeblichen Originalgaskammer wird inzwischen eingeräumt, das es sich um eine „Rekonstruktion" handelt. Das deutsche Wort für eine „Rekonstruktion", die als Original ausgegeben wird, ist „Fälschung". Die Geständnisse des Auschwitzer Lagerkommandanten Höss, die mit den Naturgesetzen unvereinbar sind, wurden von britischen Folterspezialisten erpreßt. Wenn heutige „Juden" ebenso den Teufel zum Vater haben wie die „Juden" zur Zeit Jesu, dann wird ebenso massiv gelogen, dann können wir nichts anderes erwarten.

Das Entsetzen über die sechs Millionen vergasten „Juden" führte zu einer Welle des weltweiten Verständnisses für die Errichtung eines eigenen Judenstaates, damit sie im Lande ihrer Vorfahren eine Zuflucht haben, wenn sich ein ähnlicher Völkermord wiederholen sollte. Doch Palästina war keineswegs menschenleer, und die dortige Bevölkerung hatte nichts mit den Vorgängen in Europa zu tun. Warum sollen sie ihr Land zugunsten irgendwelcher Eindringlinge abgeben?

Durch viele Terroranschläge kam der Staat Israel zustande. So sprengten am 22. Juli 1946 Terroristen der unter Menachim Begins Kommando stehenden „Irgun"-Truppe das King-David-Hotel in Jerusalem in die Luft mit mehr als hundert Toten, in dem sich das Hauptquartier des britischen Generalstabs befand.[42] Am 9. April 1948, also fünf Wochen vor der Unabhängigkeitserklärung, richteten Terroristen unter dem Kommando Begins und Schamirs in dem Dorf Deir Jassin nahe Jerusalem ein schreckli-

---

[42] Manfred Adler: „Weltmacht Zionismus" 1975, S. 91 (ein sehr informatives Büchlein) zitiert in: Johannes Lerle [Herausgeber]: Zum modernen Staat Israel (auch im Internet unter www.johannes-lerle.net).

ches Massaker an ca. 250 wehrlosen Frauen, Kindern und Greisen an, während die Männer auf dem Felde arbeiteten. Später rechtfertigte Begin dieses Verbrechen mit den Worten: „Ohne Deir Jassin hätten wir heute kein Israel".[43] Die Palästinenser flohen 1948 somit aus Furcht, von „jüdischen" Terroristen massakriert zu werden, und nicht etwa auf Geheiß der Araberführer, wie „christliche" Zionisten fälschlich behaupten. Durch Vertreibung, durch ethnische Säuberungen von der Art, wie sie von Polen in den deutschen Ostgebieten und später von Serben in Bosnien durchgeführt wurden, haben „jüdische" Raubmörder „ihr" Land erobert.

Eigenmächtig und ohne den Auftrag Gottes waren die geistigen Nachkommen derer, die Gott wegen der Verwerfung Jesu (Matth. 22,7) vertrieben hatte, zurückgekehrt. Diese Rückkehr geschah völlig ohne Reue und Buße. Gott hat ihre geistigen Vorfahren durch die Römer vertreiben lassen; in frecher Opposition gegen Gott gehen sie zurück. Für ein derart frevelhaftes Tun gibt es keine Verheißung Gottes.

Wenn man „christliche" Zionisten auf den „jüdischen" Terrorismus hin anspricht, dann tun sie das mitunter als Verleumdung ab. Und in der Tat kann jede Aussage, die nicht der Bibel entnommen worden ist, erstunken und erlogen sein. Doch daß 1948 der Staat Israel gegründet wurde, steht auch nicht in der Bibel. Schon gar nicht steht in der Bibel, daß dieser Staat unter dem besonderen Segen Gottes stünde. Und wenn gepredigt wird, daß die Endlösung der Menschen die Gaskammern in Auschwitz sei, die Endlösung Gottes aber der Staat Israel, so geht auch diese Verkündigung über die Bibellehre hinaus. Erstens ist die "Geschichtsschreibung" dabei, die Gaskammern behutsam von Auschwitz wegzuverlegen. Zur Zeit weiß niemand, wo die große Zahl von sechs Millionen vergast worden sein könnte. Zweitens wird erst die Zukunft zeigen, ob der Staat Israel wirklich eine

---

[43] Laut Noam Chomsky, weltberühmter jüdischer Gelehrter: „Offene Wunde Nahost" 2002, S. 35; zitiert in: Johannes Lerle [Herausgeber]: Zum modernen Staat Israel (auch im Internet unter www.johannes-lerle.net).

Endlösung ist, oder ob er vielleicht nicht doch noch zusammenbricht.

Wenn man „christliche" Zionisten auf die vielen Sünden im Staat Israel hinweist, dann entgegnen sie: Gott habe die Totengebeine zusammenrücken lassen (Hes. 37,7). Aber erst in Zukunft würden diese lebendig werden. Die weitere Entwicklung wäre die Wiederkunft Christi und seine Weltregierung im Tausendjährigen Friedensreich von Jerusalem aus.

Unter den Chiliasten, also denen, die ein Tausendjähriges Reich für die Zukunft erwarten, gibt es zwei Hauptrichtungen, und zwar den Prämillenniarismus und den Postmillenniarismus. Die Prämillenniaristen meinen, wir gehen der großen Drangsal entgegen. Und dann kommt Christus wieder, um sein Tausendjähriges Friedensreich aufzurichten. Also: Wie die Vorsilbe "prä" sagt, kommt Christus zuerst, dann erst das Friedensreich. Dagegen meinen die Postmillenniaristen, daß es in der Geschichte eine Weiterentwicklung gäbe, deren Ende die Herrschaft Christi sein werde. Die Vorsilbe „post" drückt aus, daß Christus nach der Höherentwicklung wiederkomme.

Der Postmillennialismus ist äußerst gefährlich. Die Leute verfolgen die politischen Nachrichten und machen sich (eventuell anhand der Offenbarung des Johannes) Gedanken, wo wir zur Zeit in der geschichtlichen Entwicklung, die zum Tausendjährigen Reich verlaufe, stehen. Sie betrachten die Heilsgeschichte aus der Perspektive Gottes. Bei dieser Betrachtungsweise sind Christi Tod und Auferstehung nicht das Zentrum der Weltgeschichte, sondern lediglich Etappen in der Entwicklung zum Tausendjährigen Reich. Man ist voller Ungeduld. Bei jeder politischen Nachricht, die irgendwie relevant sein könnte, hofft man, daß es nun endlich weitergeht. Da man aus der Perspektive Gottes sich anmaßt zu denken, geht man in Ungeduld Jesus Christus voran, anstatt ihm nachzufolgen.

Zum Teil bewirkt diese Denkweise auch Taten, die Jesusjünger aus anderen Gründen zu tun verpflichtet sind. Es steht nämlich geschrieben, daß vor Jesu Wiederkunft das Evangelium in der ganzen Welt gepredigt werden wird (Matth. 24,14). Damit es nun endlich weitergehen kann, gehen Missionare in alle Welt.

Aber die Bereitschaft, Jesus voranzuschreiten, bringt vor allem viel Unheil und Krieg. In der Zeit, als es noch keinen Staat Israel gab, galt Amerika als das neue Israel, das aller Welt eine demokratische Friedensära bringe, die in die Königsherrschaft Jesu einmünden werde. Um diese aufzurichten, müssen die Soldaten Christi in einer Art "letztem Gefecht", in einem endgültigen Harmagedonkampf, den Kopf der Schlange von 1. Mose 3 zerschmettern, und die demokratische Friedensära bricht an, die in die Königsherrschaft Christi übergehen werde. Die zu tötende Schlage waren im Bürgerkrieg 1861-1865 die Südstaaten, im Krieg des Jahres 1898 das katholische Spanien und im Ersten Weltkrieg der undemokratische Deutsche Kaiser. Der Zweite Weltkrieg wurde ebenfalls als ein endgültiges Harmagedongefecht für Menschenrechte, für Demokratie und für Glaubensfreiheit geführt. In den vom Weltjudentum beherrschten Freimaurerlogen wurde dann entschieden, ob Stalin oder Hitler als Inkarnation Satans zu gelten hat, die im Bündnis mit dem jeweils anderen zu bekämpfen ist. Und ein Riesenheer blinder Blindenführer auf den Kanzeln hatte die Blicke der Gläubigen abgewendet von Jesu Kampf gegen den Teufel auf dem Hügel Golgatha hin zu dem Endkampf der US-Armee gegen den Satan in der Gestalt Adolf Hitlers.

Seitdem es im Nahen Osten einen Staat gibt, der sich Israel nennt, ist die Verführung der Gläubigen angewachsen. Dort seien die Totengebeine zusammengerückt. Was weiter geschehen werde, meint man zu wissen. Indem man die gegenwärtige und zukünftige Entwicklung aus der Perspektive Gottes betrachtet, sieht man sich in der Lage, selbst zu handeln und Christus notfalls voranzuschreiten, wenn er nicht so schnell in dem Sinne handelt, wie wir meinen, daß er handeln müßte. Das gleiche taten Jesu Zeitgenossen. Die Römer regierten, und Gott ließ sie gewähren. Dann haben die „Juden" im Jahre 70 selbst gehandelt und wollten die Römer rausschmeißen.

Heute bedrohen mächtige Feinde den Staat Israel. Daß Gott es ist, der die Totengebeine zusammengeführt habe, wird zwar gepredigt; doch die Prediger glauben das selber nicht. Zumindest glauben sie nicht, daß Gott diesen Staat, dessen Gründung angeblich in seinem Heilsplan liege, schützt und bewahrt, obwohl dies ständig gepredigt wird. Folglich müßten Menschen das tun, was Gott zu tun unterläßt. Und das, was Menschen tun, ist ebenso schmutzig und sündig wie das, was die Hohenpriester taten, nachdem sie sich gegen Jesus entschieden hatten.

Israel ist von feindlichen Staaten umringt. Der gefährlichste Feind schien die islamische Republik Iran zu sein. Gegen Ende der Regierungszeit des US-Präsidenten Carter nahmen Studenten Personal der US-Botschaft im Iran als Geiseln, die später der iranischen Regierung übergeben wurden. Eine Weltmacht, die sich so etwas bieten läßt, ist keine Weltmacht. Doch das scheinheilige Amerika ist viel zu friedliebend, um einen Krieg zu beginnen. Nach dem Beginn der Präsidentschaft von Ronald Reagan begann der Irak unter Saddam Hussein einen Krieg gegen den Iran, der über eine Million Menschenleben kostete. Wie die Öffentlichkeit später erfuhr, lieferte Amerika Waffen, einschließlich Massenvernichtungswaffen, und Satellitenbilder an den Irak. Den Israelfeind Irak bei dessen Aggression gegen den Israelfeind Iran zu unterstützen, das ist das Werk von Mördern. So nannte Jesus die Pharisäer (Matth. 22,7). Diese Charakterisierung trifft auch für Amerika, die Schutzmacht Israels, zu.

Dann hörte der Irak-Iran-Krieg auf, und Amerika inszenierte 1991 unter Reagans Nachfolger George W. Bush dem Älteren einen Krieg gegen den Irak. Dazu machte man sich die Aggressivität des irakischen Präsidenten Hussein zu nutze. Husseins neues Ziel war Kuweit. Da äußerte eine amerikanische Botschafterin, daß Amerika nicht einschreiten werde. Indem Hussein sich auf die Zusage seines Verbündeten aus der Zeit des Krieges gegen den Iran verließ, fiel er in Kuweit ein. Nun saß er in der Falle, und Amerika konnte sich als Befreier Kuweits, als Retter der Unrecht leidenden, aufspielen. Die Aggression gegen den Iran unterstützen, für ein anderes Opfer des gleichen Aggressors einen Krieg beginnen – wie man es braucht. Übrigens hatte Kuwait zuvor dem Irak Geld für dessen Aggression gegen den Iran geliehen. Wer Aggressionen unterstützt, dem geschieht es recht, wenn er selbst Opfer des von ihm unterstützten Aggressors wird. Amerika begann einen Krieg gegen den Israelfeind Irak. Und in der Tradition der Pharisäer, die nach Jesu Worten nicht nur Mörder waren, sondern auch Heuchler und Lügner, log die amerikanische Kriegspropaganda von den Frühgeburten, die irakische Truppen in Kuwait aus ihren Brutkästen entfernt hätten. Durch diese Lüge hatte Amerika die Zustimmung der UNO für seinen Krieg ergaunert.

Die Stimmung unter den Gläubigen war damals, im Jahre 1991, in Deutschland allgemein gegen diesen Krieg. Doch als sie merkten, daß der Krieg irgend etwas mit Israel zu tun haben könnte, da hat die Kriegsgegnerschaft erheblich nachgelassen. Das läßt auf eine begrenzte Bereitschaft schließen, einen Krieg zugunsten des Staates Israel zu rechtfertigen. Wenn es Menschen sind, die Jesus Christus auf seinem vermeintlichen Weg zur Errichtung seiner Königsherrschaft in Jerusalem voranschreiten, dann kommen sie eben in die Situation, diesen Weg mit militärischen Mitteln absichern zu müssen.

Dieser Krieg endete mit einem Waffenstillstand unter vielen Auflagen für den besiegten Irak, unter denen die Bevölkerung sehr zu leiden hatte. Dennoch ging die Hoffnung Amerikas, das Volk werde den Tyrannen Hussein stürzen, nicht in Erfüllung. Nachdem nach der Präsidentschaft von Bill Clinton der Sohn von Präsident Bush ins Weiße Haus einzog, setzt dieser im Jahre 2003 den Irakkrieg fort. Als Vorwand dienten ihm die (angeblichen) Verletzungen der Waffenstillstandsauflagen des Krieges von 1991. Der Irak hätte Massenvernichtungswaffen. Dies schien in der Tat nicht ausgeschlossen, da Amerika diese ja seinerzeit für den Krieg gegen den Iran geliefert hatte. Dann wurden Dokumente gefälscht, die beweisen sollten, daß der Irak Uranerz importiert hätte, mit dem er eine Atombombe bauen wolle. Unter diesen Vorwänden befahl Bush den Krieg gegen den Irak. Als Rechtfertigung brachte er vor, Gott hätte ihm geboten, den Irak anzugreifen.

In den psychiatrischen Kliniken gibt es viele Patienten, die von sich behaupten, Gott hätte ihnen geboten, irgend jemanden umzubringen. Doch das schlimme bei Bush ist, daß viele „Gläubige" ihm zustimmten, daß viele Prediger für diesen Krieg hetzten. So hetzte z. B. der deutsche Pastor Gerhard Heinzmann, damals Vorsitzender der (politischen) Partei Bibeltreuer Christen (PBC), für eine deutsche Beteiligung am Irakkrieg: „Mit der wahltaktisch begründeten Aufkündigung der westlichen Solidargemeinschaft hat unser Bundeskanzler [Gerhard Schröder, SPD] unserem Land einen schlechten Dienst erwiesen".[44]

Bush gewann seinerzeit die Präsidentschaftswahl, weil er es verstand, die „Gläubigen" zu mobilisieren. Er konnte so fromm reden, daß viele „Gläubige" ihn als einen der Ihren, als ihren Bruder in Christus, betrachteten. Das war nur auf dem Hintergrund der reformierten Theologie möglich.

Es gibt zwei Hauptströmungen im Protestantismus, die lutherische und die reformierte. Da nichts Neues unter der Sonne geschieht (Pred. 1,9), da die Menschen zur Zeit Jesu ebensolche Sünder waren wie wir heute und auch das gleiche Gotteswort hatten, deshalb haben die heutigen Glaubensrichtungen in der damaligen Zeit ihre Entsprechungen. Damals gab es die „Zöllner und Sünder". Das waren Betrüger; das waren Menschen, für die es außer dem Gebot „Du sollst dich nicht erwischen lassen" keine Moral und keine Ethik gab und die daher zu jeder Schandtat und zu jedem Verbrechen fähig waren. So beschreibt die Bibel die Heiden (Ps. 119,118; Spr. 21,10; Spr. 28,15; Spr. 12,5f; Spr. 28,12; Jes. 26,9b-10; Spr. 29,27; Ps. 10). Daß es keine Moral und keine Ethik gäbe, wurde und wird von den Marxisten, sowohl von Lenin[45] als auch von den heutigen 68er Neomarxisten in aller Öffentlichkeit propagiert. Wer dieser Verbrecherideologie durch ethische Werte entgegensteht, wird schnell Opfer ideologischer

---

[44] Die Parteizeitschrift *Salz und Licht* Nr. 1, 2003, S. 2-3.
[45] Lenin, Werke, Band 31, S. 280f.

Säuberungen, wie ein Beispiel zeigt, über das ideaSpektrum berichtete: „Die ehemalige Musikprofessorin und spätere Lehrbeauftragte für Erziehungswissenschaften, Musikpädagogik und Entwicklungspsychologie an der Musikhochschule Westfalen-Lippe, Adelgunde Mertensacker (45), wagte es, ihren Studenten in Dortmund zu sagen: >Das menschliche Leben beginnt mit der Zeugung ... Abtreibung ist Tötung eines Menschen in der Entwicklung.< Darauf wurde ihr Lehrauftrag nicht erneuert. Der Dekan, Professor Wolfgang Benfer, schrieb ihr zur Begründung ihrer Entlassung bzw. zur Rechtfertigung der Abtreibung unter ausdrücklicher Berufung auf Karl Marx: >Alles ist menschlich. Alles ist entschuldbar. Es gibt keine absolute Wahrheit, es gibt keine absolute Moral<"[46].

Dann gibt es noch die Sadduzäer, die die Auferstehung der Toten leugneten, sich aber trotzdem für gläubig hielten. Mit einem biblischen Bild aus der Zeit des Propheten Elia kann man sagen, daß sie auf beiden Seiten hinkten. Das sind heute die bibelkritischen Theologen wie Barth, Bultmann und die überwältigende Mehrheit der Pfarrer und Religionslehrer, die die Auferstehung Jesu in eine Märchenlandschaft verlegen und die biblischen Berichte als redaktionelle Bearbeitungen irgendwelcher Legenden darstellen, so daß die Glaubensinhalte, einschließlich die Predigt Jesu, nicht von Gott offenbart seien, sondern irgendwelche Gemeindekollektive zum Urheber hätten.

Dann gibt es noch die Pharisäer, deren Lehre mit der reformierten Theologie vergleichbar ist. Jesu Polemik und die biblischen Berichte über deren Sünden sollten wir nicht in der Weise mißverstehen, als ob es sich um Kriminelle handeln würde, für die es wie bei den heutigen Marxisten keinerlei Moral und keinerlei Ethik gäbe. Sie bemühten sich vielmehr um ein gottwohlgefälliges Leben und erkannten sogar, daß ihre Erfolge in demselben eine Gabe Gottes sind. So betete der Pharisäer im Tempel: „Ich danke dir, Gott, daß ich nicht bin wie die anderen Leute, Räuber, Betrüger, Ehebrecher oder auch wie dieser Zöll-

---

[46] ideaSpektrum 41, 9. Okt. 1985, S. 1f.

ner. Ich faste zweimal in der Woche und gebe den Zehnten von allem, was ich einnehme" (Luk. 18, 11f). Auch die Lehre der Pharisäer muß nach heutigem Sprachgebrauch als bibeltreu gewertet werden. Subjektiv glaubten sie allem, was geschrieben steht. Das zeigt sich in Jesu Gesprächen mit ihnen. Darin ging es ausschließlich um Schriftauslegung, niemals aber um die Frage, ob irgendwelche Bibelstellen Gottes Wort sind oder nicht. Im Blick auf heutige Teufelslehren muß man feststellen, daß Jesus und die Pharisäer darin einig waren, daß Mose die Mosebücher geschrieben hat (Joh. 5,46) und daß Adam und Eva reale Personen waren (Matth. 19,4-6). Wenn Jesus in den Pharisäern auch Mörder sieht, so gibt es dennoch einen Unterschied zu den Heiden. Die Pharisäer wurden zu ihren Mordtaten (z. B. die Planung der Tötung Jesu) durch ihre falsche Theologie verführt. Dagegen gab es bei den Heiden wie bei den heutigen Gottlosen keinerlei Moral und keine Ethik. Das zeigt sich an der Stellung zum Kindermord im Mutterleib. Bei den Römern war er gängige Praxis, für Pharisäer kam ein derartiges Verbrechen jedoch nicht in Frage. Denn der Kindermord läßt sich durch keine Lüge rechtfertigen. Denn bei solchen Menschen, die noch nie die Körper ihrer Mütter verlassen haben, ist es besonders offensichtlich, daß sie kein todeswürdiges Verbrechen begangen haben konnten. Somit hat der Kindermord eine Verbrechergesinnung zur Voraussetzung, wonach es keinerlei Moral und keine Ethik gäbe. In Amerika ist diese Verbrechergesinnung für die Partei der Demokraten typisch, während die Republikaner, besonders Präsident Bush, sich gegen den Kindermord aussprachen. Präsident Bush wertete auch die Bibel als Gotteswort und war ein Gegner der Evolutionslehre wie die Pharisäer in Übereinstimmung mit der Predigt Jesu.

Die Person des ehemaligen amerikanischen Präsidenten ist in dieser Veröffentlichung nur deshalb erwähnenswert, weil er von den „Gläubigen" als einer der Ihren gewertet wurde. Das bedeutet, daß seine Äußerungen Ausdruck des Glaubens großer amerikanischer Wählerschichten sind. Das ist ein Glaube, der sich in der Gegnerschaft zum Kindermord auswirkt, den Erwachsenenmord z. B. im Irak aber zur Konsequenz zu haben scheint. Krieg als Konsequenz des Glaubens, das ist der Sauerteig der Pharisäer, der für die Geschichte reformierter Theologie charakteristisch ist. Denn die Reformierten neigen zur Theokratie (Gottesherrschaft). Das verbindet sie mit den Pharisäern, die die römische Fremdherrschaft nicht ertragen konnten. Die positive Gestaltung der Welt nach der göttlichen Norm ist ein Anliegen reformierter Frömmigkeit.[47] Da Gott die Kirche vornehmlich durch gläubige Obrigkeiten fördere, so gehe die Christenpflicht auch dahin, eine solche zu haben bzw. zu errichten.[48] Die Konsequenzen dieser Ansicht sehen wir bei den Puritanern unter Cromwell.[49] Cromwell, der den englischen König umgebracht hatte, hat behauptet, der Finger Gottes hätte ihn getötet. Schon Zwingli schrieb: „Wenn (die Obrigkeit) treulos und nicht der Richtschnur Christi gemäß handelt, kann sie mit Gott abgesetzt werden".[50]

Wie es der Finger Gottes gewesen sei, der den englischen König getötet hätte, so habe Gott dem Präsidenten Bush dem Jüngeren befohlen, gegen den Irak Krieg zu führen. Und viele „Gläubige" sahen den Krieg für gerechtfertigt an, galt der irakische Diktator doch als wahrer Teufel, der beseitigt werden muß. Durch seinen Sturz würden die Leiden der Bevölkerung aufhören, der Irak würde eine demokratisch gewählte Regierung erhalten, von der aus sich die Demokratie in der Region weiter verbreiten würde. Dadurch würden auch die Türen für die christliche Mission geöffnet werden.

Gott setzt Obrigkeiten ein und ab. Und wir mögen meinen, daß es nun endlich Zeit ist, solche Teufel wie den irakischen Diktator abzusetzen. Wir mögen meinen, daß unser kranker An-

---

[47] M. Schneckenburger: Vergleichende Darstellung des lutherischen und reformirten Lehrbegriffs, erster Theil, Stuttgart 1855, S. 118.

[48] a. a. O., S. 153.

[49] a. a. O., S. 153.

[50] „quando (magistratus) perfide et extra regulam Christi egerint, possunt cum deo deponi" Art. 42 der ersten Disputation, zitiert bei M. Schneckenburger: Vergleichende Darstellung des lutherischen und reformirten Lehrbegriffs, erster Theil, Stuttgart 1855, S. 153.

gehöriger nun endlich sterben sollte. Und wenn er nicht stirbt, dann ist unsere Meinung eben falsch. Aber wir haben keine Vollmacht, anstelle Gottes zu handeln und ihn zu töten.

Der Gegensatz zur Theokratie, zu dem die reformierte Theologie neigt, ist die Zweireichelehre, die als Charakteristikum des Luthertums gilt. Deren Inhalt ist, daß Gott zwei völlig unterschiedliche Reiche regiert, und zwar das Reich Gottes und die Welt. Das ist das Verständnis der Bibellehre, die bisher in dieser Veröffentlichung entfaltet wurde und deshalb an dieser Stelle nicht nochmals in allen Einzelheiten wiederholt werden soll. Das, was allgemein als „lutherische" Zweireichelehre gilt, trifft allerdings nicht ganz genau den biblischen Befund. Luther lehrte, der Christ sei Bürger des Reiches Gottes und der Welt. Die Bürgerschaft im Reich Gottes, in Israel, im himmlischen Jerusalem, das ist Bibellehre. Daß wir gleichzeitig Bürger dieser Welt seien, diese Lehre haben Menschen zum Gotteswort hinzugefügt. Hingegen steht in der Bibel lediglich, daß wir Fremdlinge sind (1. Petr. 2,11). Ein Fremdling ist aber kein Bürger.

Eine weitere Ungenauigkeit ist Luthers Bezeichnung „Reich Gottes zur Linken", womit er die Welt meint, im Unterschied zum „Reich Gottes zur Rechten", Gottes eigentlichem Reich. In der Tat lehrt die Schrift, daß Christus alle Vollmacht gegeben ist im Himmel und auf Erden (Matth. 28,18). Und Gott nennt Nebukadnezar, der die Juden nach Babel weggeführt hatte, „meinen Knecht" (Jer. 25,9; 27,6). Aber wird damit das Babylonische Weltreich zum „Reich Gottes zur Linken"? Ist die biblische Vokabel „Welt" (im griechischen Urtext des Neuen Testaments: „Kosmos") dasselbe wie „Reich Gottes zur Linken"? Im folgenden einige Bibelstellen, in denen das Wort „Welt" durch Luthers Formulierung „Reich Gottes zur Linken" ersetzt wurde: „Ihr werdet weinen und heulen, aber das Reich Gottes zur Linken wird sich freuen" (Joh. 16,20). „Im Reich Gottes zur Linken habt ihr Trübsal; aber seid Getrost, ich habe das Reich Gottes zur Linken überwunden" (Joh. 16,33). „Nun ist das Gericht dieser Welt; jetzt wird der Fürst dieses Reiches Gottes zur Linken hinausgeworfen werden" (Joh. 12,31). Christus verheißt, daß der Tröster die Welt überführen wird über ... „das Gericht, daß der Fürst dieses Reiches Gottes zur Linken gerichtet ist" (Joh. 16,11). „... die ihr tot waret in euren Übertretungen und Sünden, in welchen ihr einst wandeltet nach dem Zeitlauf dieses Reiche Gottes zur Linken, nach dem Fürsten der Gewalt der Luft, des Geistes, der jetzt wirksam ist in den Söhnen des Ungehorsams; ..." (Eph. 2,1f). „Denn nicht ist unser Kampf gegen Blut und Fleisch, sondern gegen Fürstentümer, gegen die Gewalten, gegen die Reich-Gottes-zur-Linken-Beherrscher dieser Finsternis ..." (Eph. 6,12). Es ist offensichtlich, daß durch diese Wiedergabe die Aussage der zitierten Bibelstellen erheblich verfälscht wird.

Die Welt ist auch nicht das Reich des Teufels, auch wenn Jesus den Teufel als „Fürst dieser Welt (griechisch: kosmos)" (Joh. 12,31) bezeichnet. Zwar sagt der Teufel bei der Versuchung Jesu: „Alle diese Vollmacht will ich dir geben und ihre Herrlichkeit; denn sie ist mir übergeben, und ich gebe sie, wem ich will" (Luk. 4,6). Da das aber die Worte des Erzlügners sind, beweisen sie weder, daß der Teufel in der Lage ist, die Macht zu geben, wem er will, noch beweisen diese Worte, daß der Teufel beabsichtigt, sein Versprechen einzuhalten und Macht abzugeben. Jesus Christus spricht jedenfalls bei seiner Himmelfahrt: „Mir (also nicht dem Teufel) ist gegeben alle Vollmacht im Himmel und auf Erden (griechisch: gee)" (Matth. 28,18).

Während Reformierte und Katholiken durch ihre Nähe zur Theokratie dazu neigen, in der Politik mitzumischen, benutzen „Lutheraner" die Zweireichelehre als Vorwand, um den Schmalen Weg erheblich zu verbreitern. Jahrhunderte hindurch haben sich „Lutheraner" gegenseitig umgebracht. Das taten sie zwar nicht als Bürger des „Reiches Gottes zur Rechten", sondern als Waffenträger innerhalb des „Reiches Gottes zur Linken". Es ist doch Bibellehre, daß die Obrigkeit das Schwert führen muß, um uns vor den Banditen zu schützen (Röm. 13,4). Und so ließen sich „Lutheraner" in ihrer Eigenschaft als „Bürger des Reiches Gottes zur Linken" in Mörderbanden integrieren, vor denen dann andere „Bürger des Reiches Gottes zur Linken" als Waffenträger ihrer von Gott gegebenen Obrigkeit die Bürger schützten.

Daraus, daß die beiden Reiche, in denen die Gläubigen leben, nicht miteinander zu vermischen sind, wird auch geschlußfolgert, der Jesusnachfolger solle sich aus der Politik heraushalten. Und in der Tat hatte sich Christus nie um ein politisches Amt bemüht, noch seinen Nachfolgern geboten, ein solches anzustreben. Und so wird unter dem scheinheiligen Vorwand politischer Abstinenz auf geistige Kriegsführung im Sinne von Eph. 6,10-17 verzichtet und auf diese Weise der Schmale Weg erheblich verbreitert. Man ordnet einfach die aktuellen Teufelslehren wie z. B. Nationalsozialismus oder Marxismus dem politischen Bereich zu. Doch der Nationalsozialismus war nicht nur Politik, sondern in erster Linie eine durch und durch antichristliche Heilslehre. Und *Mein Kampf* war keineswegs nur ein politisches Machwerk, sondern ein Predigtbuch des Teufels. Der Heilsbringer sei nicht Jesus Christus, sondern Adolf Hitler. Das wird durch die Bezeichnung „Führer" deutlich. „Führer" ist eine traditionelle Bezeichnung für Christus wie z. B. Retter, Heiland, Seligmacher, Erlöser ... Wenn ein sündiger Mensch sich anmaßt, diesen Titel zu führen, dann setzt er sich damit an die Stelle Christi.

Wie der Nationalsozialismus, so ist auch der Marxismus nicht nur Politik, sondern ebenfalls eine durch und durch antichristliche religiöse Wahnidee. Dort tritt das Proletariat an die Stelle Christi. Die Arbeiterklasse zertritt den Kopf der kapitalistischen Schlange aus 1. Mose 3, und eine ewige Friedensära mit einem Überfluß an materiellen Gütern bricht an.

Auch heute sind die Gläubigen mit pseudoreligiösen antichristlichen Heilslehren konfrontiert. So heißt es z. B. im deutschen Grundgesetz (Art. 1): „Die Würde des Menschen ist unantastbar ... Das Deutsche Volk **bekennt** sich darum zu unverletzlichen und unveräußerlichen Menschenrechten als Grundlage **jeder** menschlichen Gemeinschaft, des Friedens und der Gerechtigkeit in der Welt". Das Deutsche Volk „**bekennt**" sich heute laut Grundgesetz zu den Menschenrechten, wie es sich früher zum „Führer" Adolf Hitler und danach zum Marxismus bekannt hatte. Das Deutsche Volk sei also eine Bekenntnisgemeinschaft.

Was ist das anderes als eine säkulare Theokratie? Menschenwürde maßt sich der gefallene Mensch in seinem Hochmut an. Doch nach biblischer Lehre ist der Mensch durch und durch Sünder und hat daher keinerlei Würde.

Auch das Denken in Rechten, die der einzelne von anderen einfordert, ist nicht biblisch. Im griechischen Urtext des Neuen Testaments gibt es nicht einmal eine Vokabel, die der Bedeutung des deutschen Wortes „Recht" entsprechen würde. Die christliche Verhaltensweise ist vielmehr, nach den Willen Gottes zu fragen und in der Liebe zu Gott und in der Liebe zum Nächsten nach diesem Willen zu leben. Und dafür gibt es ein Wort im griechischen Urtext des Neuen Testaments, und das wäre „Diakonie", zu deutsch: Dienst.

Wie hohl dagegen das Geschwafel des Grundgesetzes von der Menschenwürde und den Menschenrechten ist, zeigt die Tatsache, daß allein in Deutschland jedes Jahr ca. 300 000 Inhaber von Menschenrechten trotz ihrer Menschenwürde schon im Mutterleib „gesetzestreu" getötet werden. Den antichristlichen Charakter der im Grundgesetz verankerten Menschenrechte hat Hans-Jürgen Böhm in folgender Broschüre, die auch auf der Internetseite *www.johannes-lerle.net* veröffentlicht worden ist, herausgearbeitet: *Die Menschenrechte im Lichte des Wortes Gottes. Eine kurze Aufklärung über den Geist der Demokratie.* Dieser Literaturhinweis anstelle weiterer notwendiger Ausführungen zu diesem Thema.

Das Grundgesetz legt somit das Bekenntnis des Deutschen Volkes ebenso fest, wie die Obrigkeiten in früheren Jahrhunderten das Bekenntnis ihrer Untertanen festgelegt hatten, ob sie lutherisch, reformiert oder katholisch zu sein hatten. Wer sich dem widersetzte, wurde zur Auswanderung genötigt oder wie viele Wiedertäufer ertränkt oder ... Auch Nazis und Kommunisten schreckten nicht vor Mord zurück, um Angriffe auf ihre Teufelslehren abzuwehren. So wurden am 30. Juni 1934 der katholische Journalist Fritz Gerlich im KZ Dachau und am 18. Juli 1939 Pastor Paul Schneider im KZ Buchenwald ermordet. Denn sie hatten öffentlich die nationalsozialistische Teufelslehre angegriffen.

Wer so etwas aber nicht tat, wie z. B. Ernst Modersohn, blieb weitgehend unbehelligt. Nach der Ermordung Gerlichs bezeichnete Modersohn Hitler als „Gnadengeschenk Gottes an das deutsche Volk"[51], und nach der Ermordung von Paul Schneider schrieb er: „Zur rechten Zeit hat Gott uns in Adolf Hitler den Führer gegeben, der unser Volk aus seiner tiefsten Erniedrigung herausgeführt hat".[52] Wie zur Hitlerzeit bleiben auch heute die meisten Prediger unbehelligt, gleichen doch auch sie „stummen Hunden", von denen Jesaja schreibt, daß sie „nicht bellen können" (Jes. 56,10). Wie sich während der Hitlerzeit Kirchenführer mit dem Diktator fotografieren ließen, so paktieren auch heute Kirchenführer mit den Feinden Jesu. Sogar Evangelikale von der Evangelischen Allianz, einschließlich ihres Magazins ideaSpektrum, sind antichristlichen Politikern, besonders solchen mit einem CDU-Parteibuch, behilflich, einen „christlichen" Schafspelz anzulegen.[53]

---

[51] Die Zeitschrift *Heilig dem Herrn* von 1935, S. 39.

[52] Ernst Modersohn, Er führet mich auf rechter Straße – Lebenserinnerungen, 2. Aufl., 1940, S. 387.

[53] Ein Beispiel von vielen ist die Wiedergabe des frommen Geschwafels des damaligen Bayrischen Ministerpräsidenten Günther Beckstein (CSU) in ideaSpektrum 31/32/2008, S. 6. Beckstein „hat die Kirchen aufgerufen, in die missionarische Offensive zu gehen, um die junge Generation zu erreichen". Idea erwähnte aber nicht, daß der angeblich ach so fromme Ministerpräsident damals die politische Verantwortung für den Pornounterricht und für die Verführung zum Okkultismus an Bayerns Schulen trug. Idea berichtete auch (40/2008, S. 6), daß der Vorsitzende des theologisch konservativen Arbeitskreises Bekennender Christen (ABC) Martin Pflaumer Beckstein als geistlich geprägte Persönlichkeit bezeichnet hat, die durch lebendigen Glauben überzeuge. Außerdem berichtete idea im gleichen Artikel, daß Beckstein im März 2008 Ehrenmitglied des CVJM-Landesverbandes wurde, dessen Generalsekretär Hans-Martin Stäbler (Nürnberg) ihm eine wertorientierte Politik bescheinigte. Beliebig viele weitere Beispiele ließen sich anführen, wie ideaSpektrum die Heuchelei irgendwelcher Schafspelzträger ohne notwendige kritische Anmerkungen verbreitet. Obwohl die idea-Redaktion auf die Heuchelei besonders von CDU/CSU-Politikern hingewiesen wurde, gibt sie den Feinden Jesu immer wieder eine Plattform für deren politische Propaganda. Das beweist: Die Redakteure handeln nicht aus Naivität; sondern in der Tradition der Hitlerbejubler unterstützen sie dadurch den Völkermord am Gottesvolk, daß sie den rei-

Christus sagte seinen Jüngern: „Der Knecht ist nicht größer als sein Herr. Haben sie mich verfolgt, so werden sie euch auch verfolgen" (Joh. 15,20). Warum merken heute viele nichts von der Verfolgung, die Jesus seinen Nachfolgern vorhergesagt hatte? Hatte sich Jesus etwa geirrt? Seinerzeit starben fast alle Apostel eines gewaltsamen Todes. Christen wurden im römischen Zirkus den wilden Tieren vorgeworfen. Was hat das gebracht? Die Gemeinde Jesu bestand trotzdem fort. Da änderte der Teufel seine Strategie und führte die Gemeinde an. Das ist seine Taktik bis heute. Staatliche Stellen bilden Pastoren und Religionslehrer aus. Das war vor Hitler so. Das war während der Hitlerzeit der Fall. So war es auch bei den DDR-Kommunisten, und so ist es auch heute.

Bei dieser Ausbildung durch die Feinde Christi gilt ein methodischer Atheismus als Kriterium für Wissenschaftlichkeit. Die Bibel wird dann so erklärt, als ob es Gott nicht gäbe. Das ist damit vergleichbar, wie wenn ein Chemiker so arbeiten würde, als ob es keine stofflichen Veränderungen gäbe. Doch wie stoffliche Veränderungen der Gegenstand der Chemie sind, so ist es das Handeln Gottes in der Theologie. Da die atheistischen Theologen für dieses Wirken aber blind sind, deshalb erklären sie die biblischen Berichte über dasselbe in atheistischer Weise. Das heißt, sie sehen nur den Glauben an die Taten Gottes, nicht aber die Taten selbst, und versuchen zu erklären, wie dieser Glaube entstanden sein könnte.

Diese gottlosen Theologen betrachten nicht die Auferstehung Jesu als Tatsache, sondern lediglich den Glauben der ersten Christen an die Auferstehung. Dieser Glaube sei nur durch das leere Grab zu erklären. Wodurch es leer geworden ist, wüßten wir nicht. Die Frauen fanden das Grab leer vor und haben daraus geschlußfolgert, daß Jesus auferstanden sein müßte. Dann hätten sie die Jünger in dieser Weise beeinflußt. So sei der Auferstehungsglauben entstanden. Auf diese Weise werden die bibli-

---

ßenden Wölfen helfen, gegenüber den Gläubigen wie Schafe Jesu Christi zu erscheinen.

schen Glaubenswahrheiten von den Tatsachen abgetrennt und in eine Märchenlandschaft verlegt. Scheinbar bleiben die Glaubensinhalte erhalten, es wird über sie sogar gepredigt. Aber die biblischen Berichte über Adam und Eva, über die Sintflut, über die Jungfrauengeburt, über Jesu Wunder und über seine Auferstehung erscheinen als ebensowenig tatsächlich wie Schneewittchen, Rumpelstielzchen und andere Märchenfiguren. Und so lernen die Kinder im Religionsunterricht: Das Christentum lehrt das, der Islam lehrt das und der Buddhismus lehrt das, so als ob die christliche Botschaft eine Menschenlehre neben anderen Menschenlehren wäre.

Solch ein „Christentum" ist den Feinden Jesu wohlgefällig. Hat das Gotteswort erst einmal aufgehört, die Norm für den Glauben und für das Handeln zu sein, dann sind die „Gläubigen" dem sich ständig ändernden Zeitgeist hilflos ausgeliefert. So herrschte zur Hitlerzeit die Naziideologie an den theologischen Fakultäten und in der DDR war deren Lehre rot eingefärbt und die Theologiestudenten wurden außerdem in Marxismus-Leninismus geschult. Auch heute bewegt sich der Inhalt theologischer Lehre innerhalb des gegenwärtigen Zeitgeistes. Das wird durch verschiedene Filtermechanismen sichergestellt, durch die in der akademischen Laufbahn die Bibeltreuen herausgefiltert werden. Angeblich sei wissenschaftliche Leistung das Filterkriterium. Doch als Wissenschaft gilt der bereits beschriebene methodische Atheismus. Und gehandhabt wird dieser Filter von einer Kaste gottloser Theologen, die dadurch sicherstellt, daß sie sowohl an den theologischen Fakultäten als auch in kirchenleitenden Positionen unter sich bleibt.

Da diese Repräsentanten des Zeitgeistes nicht der Sache Christi dienen, deshalb werden sie im Unterschied zu Fritz Gerlich und Paul Schneider auch nicht verfolgt. Weshalb sollten sie auch verfolgt werden? Die falschen Propheten in alttestamentlicher Zeit, die das Gotteswort nach den Wünschen ihrer Zeitgenossen verfälscht hatten, wurden doch auch nicht gesteinigt, sondern nur die richtigen Propheten Gottes. Es ist sicherlich kein Zufall, daß die bereits erwähnte Broschüre *Die Menschen-*

rechte im Lichte des Wortes Gottes. Eine kurze Aufklärung über den Geist der Demokratie nicht etwa von einem Theologieprofessor verfaßt worden ist, sondern von einem Bauarbeiter. Dieser Bauarbeiter hat auch weitere Broschüren gegen die antichristliche Indoktrination im bayrischen „Bildungs"wesen veröffentlicht.[54] Die Tatsache, daß er Bauarbeiter ist anstatt Professor in einer geisteswissenschaftlichen Disziplin, zeigt die Effektivität der Filtermechanismen, mittels derer Jesusjünger von einflußreichen Positionen ferngehalten werden.

Nur der wird Theologieprofessor und nur der erhält eine kirchenleitende Funktion, der nicht das Schwert des Geistes (Eph. 6,17) ergreift und nicht die Kriege des Reiches Gottes führt. Dabei sind diese Feiglinge keineswegs Pazifisten. Sie kämpfen nämlich gegen einen toten Löwen. Wenn irgendwo ein „Aufstand der Anständigen" gegen Rechtsextremismus inszeniert wird, dann sind diese kirchlichen Wichtigtuer dabei. Aber sie leisten keinerlei Widerstand gegen den Völkermord, den die Feinde Christi am Gottesvolk verüben. Dieser vorsätzliche Völkermord geschieht durch den Mißbrauch der Schulpflicht, um bereits schon Grundschulkinder durch Okkultismus zu Zaubereisünden und durch Pornounterricht zur Unzucht zu verführen.

Wirkliche Jesusjünger hingegen führen das Schwert des Geistes gegen den Teufel, gegen die Verführungen des Teufels und gegen die Prediger des Teufels, die mit einem Schafspelz bekleidet sind. Darin war Christus uns vorangegangen. So kam aus seinem Munde heftige Polemik gegen die Pharisäer, z. B. in Matth. 23 und in Joh. 8,44.

Die Kriege des Reiches Gottes sind ausschließlich mit dem Schwert des Geistes zu führen. Zur Zeit Jesu bahnte sich die militärische Auseinandersetzung mit den Römern an, die zur Zerstörung Jerusalems im Jahre 70 führte. Nirgendwo hatte Jesus

---

[54] Der staatliche, demokratisch-pluralistische Bildungszwang. Christenverfolgung in Deutschland, Teil I: Die Bildungsziele des Freistaates Bayern, Teil II: Schulbuch- und Lehrplananalyse.

seinen Anhängern aber geboten, sich an diesem bevorstehenden Krieg zu beteiligen. Die Unterscheidung der beiden Reiche, die Unterscheidung des Reiches Gottes von der Welt mit der Konsequenz, daß die Kriege des Reiches Gottes nicht mit fleischlichen Waffen zu führen sind, das ist die biblische Zweireichelehre. Diese Zweireichelehre wird gewöhnlich als „lutherisch" bezeichnet.

Das, was allgemein als „lutherische" Lehre gilt, ist zu unterscheiden von dem, was Martin Luther in Wirklichkeit gelehrt und in Wirklichkeit getan hat. Über Leben und Lehre Luthers erfahren wir in der Bibel nichts. Hier sind wir auf die Kirchengeschichtsschreibung angewiesen. Und diese stammt von Menschen. Und die Geschichtsschreibung der Menschen ist gewöhnlich voller Lug und Trug. Jesus sagt: „Wer aus der Wahrheit ist, der hört meine Stimme" (Joh. 18,37). Und der Apostel Paulus schreibt von denen, die verloren werden, weil sie die Liebe zur Wahrheit nicht angenommen haben (2. Thess. 2,10). Wenn jemand, der weder „aus der Wahrheit ist", noch „Liebe zur Wahrheit hat", Geschichte schreibt, dann geht es bei der „Geschichtsschreibung" auch nicht um das wirkliche Geschehen, sondern die Geschichte wird gefälscht, um das Denken der Menschen zu manipulieren. So lernte ich mitten im Kalten Krieg in der DDR in der Schule, daß die Amerikaner deutsche Städte bombardiert und auf Japan zwei Atombomben abgeworfen hatten, die Sowjetarmee aber bei der „Befreiung" Berlins warmes Essen verteilt habe. In keiner DDR-Veröffentlichung war etwas schändliches über diese Armee der barmherzigen Samariter zu lesen. Nach volkspädagogischen Gesichtspunkten Tatsachen erfinden, auswählen, zurechtbiegen oder unterdrücken, das ist typisch für Weltmenschen, die nicht den Geist Christi haben und folglich auch weder aus der Wahrheit sind, noch Liebe zur Wahrheit haben. Schon die Pharisäer, die den Lügner, den Teufel, zum Vater hatten, hatten keine Liebe zur Wahrheit, sondern verfälschten diese. Deshalb wollten sie den von den Toten auferweckten Lazarus töten, deshalb verleumdeten sie die Jünger, sie hätten Jesu Leib gestohlen.

Von einer vergleichbaren Unterdrückung von Tatsachen ist auch das Lutherbild geprägt. Dabei sind die Fakten nicht einmal geheim, sondern in Luthers Werken für jedermann nachzulesen. Allerdings sind sie dort auch versteckt. Denn die Schriften Luthers sind zu umfangreich, als daß sie jemand lesen und auf diese Weise auf die Schandflecken stoßen könnte. Solch ein Schandfleck ist seine Auslegung von Psalm 82,4.[55] Darin fordert er die weltliche Obrigkeit auf, die Wiedertäufer dem Henker zu übergeben. Die Wiedertäufer seien nicht allein Ketzer, sondern darüber hinaus auch öffentliche Lästerer. Glaubensfreiheit gesteht Luther ihnen angeblich zu, nicht aber das Lehren und Lästern. Jesu Worte: "Gehet hin in alle Welt ..." – so Luther in seiner Auslegung des 82. Psalms – sei ein Befehl für die Apostel, nicht aber für uns. Heute habe jeder Bischof und jeder Pfarrer seinen Bereich. Da die Wiedertäufer aber kein Pfarramt haben, sollen sie auch nicht predigen, weder öffentlich noch heimlich.

Die Pflicht des Bürgers sei, derartige "winckel schleicher" bei der Obrigkeit und beim Pfarrer zu denunzieren.[56] Eine derartige Aufforderung setzt voraus, daß Kirchengemeinde und politisches Gebiet als Einheit gesehen wurden. Das wird in einem Gutachten[57] Melanchthons von 1536, dem Luther ausdrücklich zustimmte, deutlich. Auch die Täufer, die verschiedene als aufrührerisch empfundene Glaubensartikel nicht vertreten, machen sich aber, - so Melanchthon mit Luthers Zustimmung - eines "gotteslästerlichen" Artikels schuldig, nämlich, "daß sie das öffentlich ministerium verbi [Dienst am Wort, der Verf.] verdammen, und die Leut davon ziehen, und doch auch selb keine Kirchen haben".

---

55 Martin Luthers Werke. Kritische Gesamtausgabe, 31. Band, Erste Abteilung, Weimar 1913, S. 207-213 oder Dr. Martin Luthers Sämmtliche Schriften, 2. Auflage, herausgegeben von Georg Walch, 5. Band, St. Louis, Mo., USA 1880-1910, Nachdruck Groß Oesingen 1987, Spalte 717-724.
56 a. a. O., Kritische Gesamtausgabe S. 210 oder Walch, 5. Band, Spalte 721.
57 Philippi Melanchthonis OPERA quae sunt omnia. In: Corpus Reformatorum IV, Halis Saxonum 1837, Spalte 737-740.

Unter Melanchthons Gutachten stehen folgende Worte: "Placet mihi Martino Luthero. Wiewohl es crudele anzusehen, daß man sie mit dem Schwert straft, so ist doch crudelius, daß sie ministerium verbi damniren, und keine gewisse Lehre treiben, und die rechte Lehre unterdrucken, und dazu regna mundi zerstören wollen. M. L.". In Gestalt angeblicher Blasphemie begegnet uns der traditionelle Vorwurf der Ketzerei als Ursache für ein Todesurteil. So mancher Täufer hatte seinen Tod letztlich den Wittenberger Reformatoren mit ihrer Gotteslästerertheorie zu verdanken[58] - und das trotz der von eben diesen Wittenberger Reformatoren gelehrten biblischen Zweireichelehre.

Eine Auslegungsakrobatik, die es trotz der Zweireichelehre ermöglicht, die Obrigkeiten anzustiften, die damaligen Baptisten umzubringen, führt uns Luther in seiner Auslegung des Gleichnisses vom Unkraut unter dem Weizen (Matth. 13,24-30) vor. Dabei beschränkt er sich auf das Gleichnis und ignoriert völlig, daß Jesus selbst es auslegt (Matth. 13,36-43). In Jesu Auslegung heißt es: „Der Acker ist die Welt" (V. 38). Doch dieser Satz wurde von Luther völlig ignoriert, wie er auch von den heutigen Auslegern allgemein ignoriert wird. Denn damals und heute war bzw. ist die Gemeinde völlig verweltlicht, so daß zwischen Gemeinde und Welt nicht unterschieden wird. Ausdruck dieser Einheit von Kirche und Welt ist das Staatskirchentum, das aus der Zeit Luthers bis in unsere Gegenwart fortbesteht. Die Gleichsetzung des Ackers mit der Kirche ist bei Luther besonders befremdlich, da es doch in der von Melanchthon verfaßten Apologie der Augsburgischen Konfession, die 1537 zur Bekenntnisschrift erhoben worden ist, heißt: „‚... der Acker ist die Welt', nicht die Kirche" (Apol. VII, 19). Doch dieser Hinweis paßte dem Vielschreiber Luther, der schneller schrieb, als er denken konnte, nicht ins Konzept. So schreibt Luther, daß man die Kirche nicht unkrautfrei machen

---

[58] Horst W. Schraepler, Die rechtliche Behandlung der Täufer in der deutschen Schweiz, Südwestdeutschland und Hessen 1525-1618, Tübingen 1957, S. 29.

kann.[59] Doch das Reich Christi, das nicht von dieser Welt ist, ist vom weltlichen Reich zu unterscheiden. Im Reich Christi werden sie ihre Schwerter zu Pflugscharen machen. Die Ketzer sollen nicht ausgerottet werden, sondern beides soll miteinander wachsen. In diesem Zusammenhang polemisiert er gegen den Papst, den er zusammen mit dessen Bischöfen als „Bluthunde und Auffrhuerer" bezeichnet.[60] Doch das Verbot, das Unkraut auszureißen, gelte den Knechten im Gleichnis, nicht aber der weltlichen Obrigkeit. Diese habe das Schwert, um das Ärgernis abzuschneiden, damit dasselbe nicht einreiße und Schaden anrichte. Nun aber ist falsche Lehre und unrechter Gottesdienst das gefährlichste und gräulichste Ärgernis. Wenn die Irrlehrer vom Predigen nicht ablassen, „da soll weltliche Oberkeyt getrost wehren und wissen, das es jr Ambts halb anders nicht gebueren will, denn das sie Schwert und alle gwalt dahyn wende, auff das die lehr rein und der Gottes dienst lauter und ungefelschet erhalten wird. Auff das also eins dem andern die hand gebe [= in die Hand arbeite, beistehe], Und die im geystlichen Regiment mit dem wort unnd dem Bann, Die Oberkeyt aber mit dem Schwert und gewalt dazu helffe, das die leuet fromm und allem ergernuß gewehret werde".[61] Im Unterschied zum Papst hatte Luther niemanden umgebracht. Denn die Knechte im Gleichnis sollen das Unkraut auch nicht ausreißen.[62] Das sei Aufgabe der weltlichen Obrigkeit. Um dieselbe zu derartigen Bluttaten zu verführen, unterschlug Luther Jesu Deutung „Der Acker ist die Welt" (Matth. 13,38), die in Wahrheit für alle Jesusjünger gilt, also auch für die Jesusjünger, die in ihrer Funktion als Obrigkeit von Gott das Schwert führen.

---

[59] Hauspostille 1544, Martin Luthers Werke. Kritische Gesamtausgabe, 52. Band, Weimar, S. 131; Hauspostille 1545, Martin Luthers Werke. Kritische Gesamtausgabe, 52. Band, Weimar, S. 831f.
[60] Hauspostille 1545, Martin Luthers Werke. Kritische Gesamtausgabe, 52. Band, Weimar, S. 831f.
[61] Hauspostille 1544, Martin Luthers Werke. Kritische Gesamtausgabe, 52. Band, Weimar, S. 134f.
[62] a. a. O., S. 134.

Der einfache Kirchgänger erfährt, wie Luther im Kloster um sein Seelenheil rang und dann in der Schrift den gnädigen Gott gefunden habe. Doch seine Bluttaten werden ebenso bewußt verschwiegen, wie in der DDR verschwiegen wurde, was die Sowjetarmee bei der „Befreiung" Deutschlands tat, außer warmes Essen zu verteilen. Schon als kleiner Junge wußte ich von den Bluttaten der römischen Päpste, ich wußte, daß Calvin den Leugner der Trinität Servet hatte verbrennen lassen. Denn die Reformierten unterscheiden ja nicht die beiden Reiche und sind deshalb zu derartigen Bluttaten fähig. Doch von Luthers Bluttaten habe ich weder in meinem Theologiestudium am Seminar der Lutherischen Freikirche in Leipzig noch in meinem Studium am Seminar der amerikanischen Wisconsinsynode etwas erfahren. Auch mein Vater, der Theologieprofessor Dr. habil. Ernst Lerle, wußte nichts von Luthers Bluttaten. Denn er schrieb: „Diese Bewegung [der Reformation Luthers] war gewaltlos".[63] Erst bei Gesprächen an der Erlanger Universität im Zusammenhang mit meiner Promotion habe ich mit meiner Unwissenheit über Bluttaten von „Lutheranern" verblüfft. Und bei Gesprächen mit Gegnern der Säuglingstaufe, die ich in Vorbereitung meiner Veröffentlichung *Haben die Apostel Säuglinge getauft?* führte, habe ich die schlimmen Dinge über Luther erfahren.

Bei der Reformation ging es keineswegs bei allen Beteiligten ausschließlich um das Seelenheil, sondern um handfeste Machtpolitik. Deutsches Ablaßgeld ging nach Rom. Dafür kamen die Deutschen früher aus dem Fegefeuer. Durch diesen Verkauf jenseitiger Werte gegen irdische harte Währung plünderten die Italiener Deutschland aus. Luthers Predigt, wonach das ein Betrug ist, kommt somit bestimmten politischen Interessen sehr entgegen. Die einzelnen Fürstentümer wurden gegenüber dem Kaiser immer selbständiger. Dem entsprach die kirchliche Entwicklung hin zu Landeskirchen. Doch diese unterstanden dem Papst, der durch sie in die Fürstentümer hineinregierte.

---

[63] Prof. Dr. Ernst Lerle: Die Reformation geht weiter. Denkschrift zum Luther-Jahr 1996, Uhldingen/Bodensee 1995, S. 63.

Folglich ist Luthers Lehre richtig, daß das Papsttum zu Rom vom Teufel gestiftet ist.

Wenn das Papsttum vom Teufel gestiftet ist, was soll dann die höchste Lehrautorität in der Kirche sein? Luther konnte doch unmöglich sich selbst an die Stelle des Papstes setzen. Ihm blieb somit gar nichts anderes übrig als zu lehren „allein die Schrift". Und diese Lehre hat eine sehr segensreiche Wirkung entfaltet. Doch das richtige predigen, ist eine Sache, die eigene Verkündigung selbst glauben, eine andere. In seiner Bibelübersetzung hatte Luther ganz bewußt inhaltliche Veränderungen vorgenommen und damit gezeigt, daß er nicht wirklich glaubt „allein die Schrift". Das bekannteste Beispiel ist seine Übersetzung von Röm. 3,28: „So halten wir nun dafür, daß der Mensch gerecht wird ohne des Gesetzes Werke, **allein** durch den Glauben". Das Wort „allein" steht nicht im griechischen Urtext, sondern Luther hat es zum Gotteswort hinzugefügt. Es ergäbe sich aus dem Zusammenhang, da alles andere ausgeschlossen sei. In der Tat sind die Gesetzeswerke ausgeschlossen. Aber sind auch die Glaubenswerke ausgeschlossen? Wenn ein beeidigter Übersetzer so übersetzen würde, dann würde er sich damit strafbar machen. Aber jeder darf schreiben, was er will, und das als Übersetzung des Römerbriefes ausgeben. Dabei hat die griechische Sprache des Neuen Testaments durchaus ein Wort, das der deutschen Vokabel „allein" entspricht. Gehörte es in Röm. 3,28, dann würde es dort auch stehen. Diese Vokabel kommt in folgendem Bibelvers vor: „So seht ihr nun, daß der Mensch durch Werke gerecht wird, nicht durch Glauben allein" (Jak. 2,24).

Ein weiteres Beispiel für Luthers Mißachtung des Gotteswortes ist, daß er das Wort „Gesetzlosigkeit" (griechisch: anomia) aus seiner Übersetzung des Neuen Testamentes tilgt und statt dessen die Worte „Übeltäter", „Unrecht", „Ungerechtigkeit" und „Bosheit" benutzt. An folgenden Stellen kommt das Wort „Gesetzlosigkeit" im griechischen Urtext vor: Matth. 7,23; 13,41; 23,28; 24,12; Röm. 4,7; 6,19; 2. Kor. 6,14; 2. Thess. 2,3.7; Tit. 2,14; Hebr. 1,9; 10,17; 1. Joh. 3,4. „Gesetzlosigkeit" wird durchweg negativ gewertet. Doch Luther war ein Prediger der Gesetzlosigkeit und mußte sich daher durch die biblische negative Wertung angegriffen fühlen. Anstatt Ungenauigkeiten seiner Lehre durch das Gotteswort korrigieren zu lassen, bog er dasselbe nach seiner Theologie zurecht.

Die Lehre, die gewöhnlich als „lutherisch" bezeichnet wird, ist die Bibellehre. In diesem Sinne war **Luther kein Lutheraner.** Das kann nicht nachdrücklich genug betont werden, um Mißverständnisse zu vermeiden. Luther war vielmehr ein Hetzer für Bluttaten, was ganz gewiß nicht der Bibellehre entspricht. Belege für diese Hetze anhand seiner Schriften finden wir in meiner Broschüre *Martin Luther – ein Kirchendiener, aber kein Diener Christi*, veröffentlicht auf www.johannes-lerle.net, und in folgenden Büchern des bereits erwähnten Hans-Jürgen Böhm mit Quellenangabe zitiert: *Prof. Dr. Martin Luther – ein Massenmörder und Christenverfolger?* und *Die Lehre M. Luthers – ein Mythos zerbricht! Bekannte und unbekannte, beliebte und verleugnete Schriften Prof. Dr. Martin Luthers im Lichte der Bibel* (Plech 1994).[64] Böhm polemisiert auch gegen Luthers Sakramentslehre einschließlich gegen dessen Eintreten für die Säuglingstaufe. Daß ich trotz dieses erheblichen Mangels dennoch auf seine Bücher verweisen muß, liegt an dem Mißstand, daß es von lutherischer Seite nichts entsprechendes gibt. Denn die angeblichen Lutheraner polieren den Heiligenschein von St. Luther, anstatt dem Geiste Christi gemäß Sünde auch als Sünde zu bezeichnen, um vor dieser zu warnen. Die Bibel berichtet jedenfalls auch über die Sünden der Glaubenshelden, über die Sünden von Abraham, von Isaak, des Betrügers Jakob, von den Sünden der Erzväter, die ihren Bruder verkauft hatten, über den Ehebruch und die viele Bluttaten Davids, über den Kleinglauben und die Sünden der Jünger Jesu u. s. w.

Meine Hinweise auf die Sünden Luthers haben mir den Vorwurf eingebracht, ich würde den Glauben zerstören. Doch was ist das für ein Glaube, der durch nachweislich wahre Tatsachen zerstört werden könnte? Worauf gründet sich unser Glaube? Die biblische Lehre ist: „Einen anderen Grund kann

---

[64] Beide Schriften sind auf folgender Internetseite abrufbar: www.apostasia.de

niemand legen als den, der gelegt ist, welcher ist Jesus Christus"
(1. Kor. 3,11). Und als Petrus bekannte: „Du bist der Christus, der
Sohn des lebendigen Gottes", da sagte Jesus zu ihm unter anderem: „Ich sage dir, daß du bist Petrus (griechisch: petros), und
auf diesen Felsen (griechisch: petra) werde ich meine Gemeinde
bauen" (Matth. 16,16-18). Also, der Felsen, auf den Christus seine
Gemeinde bauen wird, ist das Bekenntnis des Petrus, daß Jesus
der Christus (zu deutsch: der Gesalbte), der Sohn des lebendigen
Gottes ist. Die römisch-katholische Auffassung ist, die Kirche sei
auf die Person des Petrus gegründet, und sie beruft sich dabei
genau auf diese Bibelstelle. Doch in ihr steht gerade nicht, daß
die Gemeinde auf die Person des Petrus, auf petros, sondern auf
petra, den Felsen, gegründet ist. Außerdem heißt es in 1. Kor.
3,11 nicht: Einen anderen Grund kann niemand legen als den,
der gelegt ist, welcher ist Petrus; sondern es heißt: ... „welcher ist
Jesus Christus". Christus durch irgend etwas austauschen, das ist
Antichristentum. Die griechische Vorsilbe „anti" heißt: „anstelle
von". Solch ein Antichrist, der sich an die Stelle von Christus
setzt und eine bis zur Unfehlbarkeit übersteigerte Lehrautorität
beansprucht, ist der Papst in Rom. So hatte Luther gelehrt, daß
das Papsttum zu Rom vom Teufel gestiftet ist. Doch nicht nur
das Papsttum zu Rom ist vom Teufel gestiftet, sondern auch jedes andere Papsttum, auch das Papsttum zu Wittenberg, der
Wirkungsstätte Luthers. Das Papsttum war zur Zeit Luthers im
Denken der Menschen derart verwurzelt, daß sie mit der Abkehr
von Rom sofort ein neues Papsttum errichteten. Christus lehrte:
„Ihr sollt euch nicht Rabbi nennen lassen; denn einer ist euer
Meister; ihr aber seid alle Brüder. Ihr sollt niemanden unter euch
Vater nennen auf Erden; denn einer ist euer Vater, der im Himmel ist. Und ihr sollt euch nicht Lehrer nennen lassen; denn einer
ist euer Lehrer: Christus" (Matth. 23,8-10). Doch wer Christus
nicht kennt, der klammert sich an irgendwelche Menschen wie z.
B. den Papst in Rom, den Stammapostel der Neuapostolischen,
die Wachturmsgesellschaft der Zeugen Jehovas[65] oder auch an

---

[65] Daß auch die Zeugen Jehovas, die sich ständig auf die Bibel berufen, ihre

„Vater Luther". So wurde Luther in der Tat in frecher Mißachtung des soeben zitierten Jesuswortes genannt. Und das ist nicht nur eine unglückliche Ausdrucksweise, sondern Luther wird in der Tat als Lehrautorität mißbraucht, vergleichbar mit dem Papst in Rom. Jemand, dem ich das Manuskript dieser Veröffentlichung zu lesen gab, sagte mir: „Wer Luther angreift, greift Christus an". So empfindet ein Katholik, wenn man den Papst in Rom angreift. Der Papst bzw. Luther anstelle von Christus – das ist Antichristentum. Vergleichbar mit einem Katholiken genügt bei manchem angeblichen „Lutheraner" die bloße Behauptung: „Luther hat gesagt, ...", und ein Schriftbeweis wird als überflüssig empfunden. Den Mißbrauch Luthers als Erkenntnisquelle, das halten manche für „lutherisch". Doch das ist kein Luthertum, sondern lediglich eine neue Variante des Papsttums. Denn lutherisch ist nicht „allein Luther", sondern „allein die Schrift".

Von dem Grundsatz „allein die Schrift" sind auch die Reformierten abgewichen. Der Unterschied von lutherischer und reformierter Schriftauslegung entspricht dem Unterschied von induktiv und deduktiv. Induktiv ist, von der einzelnen Bibelstelle auszugehen und auf diese Weise die Gesamtlehre zu erschließen. Diese Methode wurde bisher in dieser Veröffentlichung vorgeführt. Dagegen denken die Reformierten aus der Perspektive Gottes in theologischen Systemen. Vom System aus, das ja angeblich der Bibel entnommen sei, biegen sie die einzelne Bibelstelle entsprechend zurecht. Das ist die deduktive Methode. So setzen sie z. B. die Dimensionen von Länge, Breite und Höhe sowie die eindimensionale Zeit so absolut, daß sie auch für den Bereich Gottes gelten würde. Deshalb können sie die induktive Entfaltung der Bibelstellen, wie sie in dieser Veröffentlichung z.

Lehre in Wirklichkeit von einem Papst haben, zeigen deren viele Fehler bei der Vorhersage des Jüngsten Tages. Wenn alle Zeugen Jehovas den gleichen Fehler machen, dann müssen sie ihn doch irgendwoher übernommen haben, so wie zwei Schüler, die den gleichen Fehler haben, voneinander abgeschrieben haben müssen. Da die Bibel aber irrtumslos ist, können die falschen Zeugen ihre Irrtümer auch nicht aus der Bibel abgeschrieben, sondern nur von ihrem Papst übernommen haben.

B. in dem Abschnitt "Wo ist Christus?" geschah, nicht nachvollziehen.

Reformierte meinen, in der Weltgeschichte eine Höherentwicklung bis hin zum Tausendjährigen Friedensreich Christi zu sehen, auf der die Staatsgründung Israels eine Etappe sei. Um dieses Geschichtsbild zu stützen, werden in deduktiver Weise sowohl Bibelaussagen als auch politische Tatsachen ignoriert, wenn sie zum Zweifel an der Richtigkeit dieses Geschichtsbildes führen könnten. Wer auf den Terror bei der Staatsgründung, den heutigen Staatsterrorismus und die Tatsache hinweist, daß Israel ein Folterstaat ist, wird schnell als Antisemit verunglimpft. Das ist der Geist der Pharisäer, die weder aus der Wahrheit waren, noch Liebe zur Wahrheit hatten, sondern wie die heutigen angeblichen Freunde des Staates Israel ebenfalls Tatsachen unterdrückten, notfalls mit handfesten Lügen wie die Verleumdung der Jünger, sie hätten Jesu Leib gestohlen.

Von diesem „Sauerteig der Pharisäer" sind auch die „Lutheraner" nicht frei. Sie sind vergleichbar mit den Jüngern, die die Warnung vor dem „Sauerteig der Pharisäer" nötig hatten. Denn die Jünger waren ebenso sündig wie diese und waren dem gleichen Gedankengut ihrer Umwelt ausgesetzt. So wollten Jakobus und Johannes Christus zur Ermordung der Bevölkerung eines samaritischen Dorfes durch Feuer vom Himmel anstiften (Luk. 9,54). Auch hatten die Jünger, wie schon erwähnt, sogar noch nach Jesu Auferstehung ein irdisches Friedensreich erhofft (Apg. 1,6).

Auch die heutigen „Lutheraner" haben Jesu Warnung vor dem „Sauerteig der Pharisäer", vor der reformierten Theologie, nötig. Auch heutige „Lutheraner" vermischen wie Reformierte die beiden Reiche. Zwar pocht man auf die Zweireichelehre, wenn sie als Vorwand benötigt wird, um das „Schwert des Geistes" nicht zu führen. Auf diese Weise erspart man sich im Unterschied zu Paul Schneider auch den Märtyrertod in einem KZ. Aber wenn man auf dem Breiten Weg der großen Masse integriert ist, dann benötigt man keine Zweireichelehre. So kann man in "lutherischen" Kirchenblättern Abweichungen von der biblischen Zweireichelehre finden, wie man sie eher im reformierten Schrifttum vermuten sollte. So liest man im Gemeindeblatt der amerikanischen Wisconsin Evangelical Lutheran Synod (WELS) vom 24. Dez. 1944 das rein politische Statement „good United States" (gute Vereinigte Staaten [von Amerika]).[66] Der Zusammenhang ist die Kritik daran, daß in vielen Gottesdienststätten die US-Flagge fehlte. Denn „wir erfreuen uns der Religionsfreiheit unter dem Schutz unserer Regierung"[67]. Natürlich, wer in der Pilgergemeinschaft auf dem Breiten Weg integriert ist und die anderen Pilger auch nicht mit dem „Schwert des Geistes" angreift, der darf sich der „Religionsfreiheit" unter dem Schutz einer Mörderbande erfreuen, die in der damaligen Vergangenheit, in der damaligen Gegenwart und auch in der damaligen Zukunft viel Leid und Unheil über den Rest der Welt gebracht hat.

Ein starkes Stück ist auch folgendes Zitat aus einem Artikel, den ein anderes „lutherisches" Gemeindeblatt aus Reader's Digest übernommen hat: "Wie Tausende anderer mit tiefen norwegischen Wurzeln, in Amerika als auch in anderen Ländern, hat er als Freiwilliger gekämpft, als das Licht der Demokratie in Europa flackerte und verlöschte. Viele von ihnen gaben ihr Leben für die Sache unserer Freiheit. Wir sind ihnen allen zu tiefem Dank verpflichtet".[68] Der „Held" dieses Artikels ist ein späterer Pastor, der in seiner Jugend vom Flugzeug aus Feuer vom Himmel auf deutsche Städte hat fallen lassen. „Das Licht der Demokratie" – Demokratie (wörtlich übersetzt: Pöbelherrschaft) ist der Propaganda nach die Herrschaft der vielen, die auf dem Breiten Wege dem Verderben entgegengehen. Für diese „Heilige Kuh" besonders der Amerikaner in einem Glaubenskrieg Menschen

---

[66] The Northwestern Lutheran, Milwaukee (Wisconsin) 24. Dez. 1944, S. 276.
[67] „... we enjoy religious liberty under the protection of our government".
[68] "Like thousands of others with deep Norwegian roots, in America as in other countries, he had volunteered to fight when the light of democracy flickered and died in Europe. Many of them gave their lives for the sake of our freedom. We are deeply indebded to all of them" Lutheran Sentinel (Gemeindeblatt der Evangelical Lutheran Synod, ELS), Febr. 1985, S. 10.

umzubringen, entspricht nicht dem Geiste Christi. Doch das merkten die „lutherischen" Herausgeber der Kirchenzeitung nicht. Dadurch wird offensichtlich, wie sehr auch die „Lutheraner" Jesu Warnung vor dem „Sauerteig der Pharisäer" nötig haben.

Die Pharisäer hatten die Wege Gottes verlassen, um – wie sie meinten – Gott zu dienen. Die Wege Gottes verlassen, um der Sache Gottes zu dienen, das war die Eigenart der Irakpolitik von Präsident Bush dem Jüngeren. Und Bush galt in weiten Kreisen als Bruder in Christus. Ein Bruder in Christus, der nicht auf den Wegen Gottes wandelt? Nachdem am 11. September 2001 die beiden Hochhäuser in New York eingestürzt waren und diese Katastrophe von der Propaganda auf einen Anschlag der islamischen Terrororganisation El Kaida zurückgeführt wurde, log Bush, der Islam sei eine friedliebende Religion. Ein Bruder in Christus, der lügt? Schon sein Vater ist politisch verantwortlich für die Lüge, daß irakische Truppen in Kuweit Frühgeburten aus den Brutkästen entfernt hätten. Mit dieser Lüge wurde der erste Golfkrieg im Jahre 1991 eingeleitet. Viele, die sich für gläubig hielten, waren damals für den Irakkrieg, nachdem ihnen bewußt war, daß er etwas mit Israel zu tun hat. Um den Krieg beginnen zu können, war eben die Lüge mit den Brutkästen nötig. Im zweiten Golfkrieg von 2003 war die Lüge mit den Massenvernichtungswaffen und dem Ankauf von Uranerz für den Atombombenbau notwendig. Ein Bruder in Christus, der lügt? Daß Amerika gleich an drei Stellen der Welt foltern ließ, nämlich in Guantanamo, im Irak und in Afghanistan, zeigt, daß es von oberster Stelle grünes Licht gegeben haben muß. Ein Bruder in Christus, der foltern läßt?

Wenn wir Jesus auf seinem angeblichen Weg zur Errichtung seiner Königsherrschaft in Jerusalem voranschreiten, dann befinden wir uns nicht mehr unter seiner Führung. Wer Jesus vorangeht, anstatt ihm nachzufolgen, der wird vom Teufel geführt. Schon die Pharisäer standen unter der Führung des Teufels, wie Jesus ihnen vorhielt: „Ihr habt den Teufel zum Vater, und nach eures Vaters Gelüste wollt ihr tun. Der ist ein Mörder von Anfang an und steht nicht in der Wahrheit; denn die Wahrheit ist nicht in ihm. Wenn er Lügen redet, so spricht er aus dem Eigenen; denn er ist ein Lügner und Vater der Lüge" (Joh. 8,44). Das gleiche gilt auch für die geistigen Nachkommen der Pharisäer, für Präsident Bush und für seine Sympathisanten. Die Pharisäer hielten sich für gläubig wie auch viele heute, die den Irakkrieg und die dazugehörigen Lügen billigten, die Bushs Folter rechtfertigten und fest an der Seite des Staates Israel stehen, der ebenfalls ein Folterstaat ist. Wenn wir Christus voranschreiten anstatt ihm nachzufolgen, dann geraten wir zwangsläufig unter die Führung des Teufels, der uns all diese schlechten Sachen als Notwendigkeit vor Augen stellt.

Der Teufel verstellt sich bekanntlich als Engel des Lichtes (2. Kor. 11,14) und seine Diener, wie z. B. Präsident Bush, als Diener der Gerechtigkeit (2. Kor. 11,15), der Gerechtigkeit im Irak. Und Scharen von Gläubigen ließen sich von diesem angeblichen „Engel des Lichtes" und seinem angeblichen „Diener der Gerechtigkeit" verführen. Möge Gott seinem verführten Volke die Gabe der Geisterunterscheidung (1. Kor. 12,10) schenken.

Kyrieeleison – Herr, erbarme dich

Haben die Apostel Säuglinge getauft?

Johannes Lerle

Darf man Säuglinge taufen?
Darf man Säuglinge von der Taufe ausschließen?
Vor dieser Frage haben auch die Apostel gestanden. Entscheidende Antworten sind in der Predigt Jesu vorgegeben, und die Apostel haben ihre Taufpraxis nach der Lehre Jesu ausgerichtet. Aus sorgfältiger Untersuchung einschlägiger Bibelstellen und historischer Tatsachen werden in diesem Buch Einsichten erarbeitet, wie es die Apostel mit der Säuglingstaufe gehalten haben und warum sie nicht anders handeln konnten.

Seitenzahl: 88

Paperback: ISBN: 3-922534-56-2

Verlag der Lutherischen Buchhandlung
Heinrich Harms – 29393 Groß Oesingen

Nürnberger Ketzerprozesse
gegen
Kindermordgegner

Eine Kette von Rechtsbeugungen

In dieser Veröffentlichung sind die Strafprozesse und Zivilprozesse dokumentiert, die Johannes Lerle insgesamt für 8½ Monate in Gefängnisse brachten, weil er auf Flugblättern über die heutigen „gesetzestreuen" Menschentötungen in gleicher Weise geschrieben hatte, wie politisch völlig korrekt über Menschentötungen während der Nazizeit geschrieben wird.

Seitenzahl: 150 A4

Erhältlich bei Johannes Lerle
Handy: 01578-4042875
E-Mail: info@johannes-lerle.net

Der Text dieser Veröffentlichung ist abrufbar auf
www.kindermordgegner.de

Christliche Schriften gegen den Zeitgeist

Johannes Lerle

Zeitgeistkritische Bücher, Broschüren und Flugblätter sind veröffentlicht auf:
www. johannes-lerle.net

Texte von dieser Internetseite, die sich auf die Schulmisere beziehen, sind zusätzlich veröffentlicht auf:
www.staatseigentum.net